DISPOSITIVOS INSTITUYENTES EN EL CAMPO DE LA SALUD MENTAL

DISPOSITIVOS INSTITUYENTES EN EL CAMPO DE LA SALUD MENTAL

Ana Tisera
José Lohigorry
Marcela Bottinelli
Roxana Longo

teseo

Dispositivos instituyentes en el campo de la salud mental / Ana Tisera ... [et al.]. – 1a ed. – Ciudad Autónoma de Buenos Aires: Teseo, 2018.
90 p.; 20 x 13 cm.
ISBN 978-987-723-173-1
1.Salud Mental. 2. Derecho. 3. Psicología Social Comunitaria. I. Tisera, Ana
CDD 150

Imagen de tapa: collage: María Malena Lenta

ISBN: 9789877231731

Compaginado desde TeseoPress (www.teseopress.com)

Índice

Prólogo

Graciela Zaldúa

Este libro se constituye en una reflexión sobre el campo y las implicancias de múltiples actores, territorios, políticas, y la praxis del colectivo docente de Psicología Preventiva y el equipo de investigación UBACyT "Exigibilidad del Derecho a la Salud: prácticas instituyentes y dispositivos psicosociales en la zona sur de la CABA", desarrollado entre 2014-2017 en la Facultad de Psicología de la Universidad de Buenos Aires.

Desde el inicio de la democracia a mediados de los años 80, instalamos en la enseñanza la problemática del manicomio y la locura, transmitiendo los cuestionamientos al encierro y otras miradas sobre el sufrimiento mental, y las propuestas sustitutivas promotoras de derechos y subjetivaciones no tuteladas. Hace cuarenta años, en mayo de 1978, en Italia se aprobó la Ley 180 de Reforma Psiquiátrica, y pocos días después la Ley de Legalización del aborto. Franco Basaglia (2008) se refirió a ellas como leyes fundamentales que nacieron por presión de los movimientos populares al Parlamento. A cuarenta años de la reforma psiquiátrica italiana, recordamos qué decía sobre la desmanicomialización: "No creo que el hecho de que una acción pueda generalizarse quiera decir que se ha vencido. El punto importante es otro, es ahora que se sabe que se puede hacer". Estas palabras, que remiten a una acción transformadora permanente, iniciada en Trieste, contra la opresión manicomial y con la esperanza de vivir de una manera distinta, afirmaba que lo imposible se ha vuelto posible. De esta manera se logró el cierre de la institución asilar, la reconversión de recursos en centros de salud mental con atención continua, la creación de la red de alojamientos asistidos, las cooperativas de trabajo, la problematización de las representaciones de la locura y la pobreza. Todo ello exigía, a su vez, no retroceder ante las amenazas, las tensiones y las contradicciones políticas institucionales, instalando un proyecto de salud mental comunitaria en el marco de la salud pública (Principios de Brasilia, 1990).

En Argentina, en los años 60, un equipo coordinado por el Dr. Mauricio Goldenberg inició una transformación en el servicio de Psicopatología del Policlínico de Lanús. Se instalaron salas de internación en un hospital general, se creó el hospital de día, se organizaron consultorios externos para niños, adolescentes y adultos, se habilitaron interconsultas con otros servicios, se realizó investigación clínica y epidemiológica y se desarrolló extensión comunitaria. Esta experiencia, que convocó a múltiples profesionales, pudo revisar los paradigmas tradicionales hegemónicos e integrar equipos interdisciplinarios, con participación de la clínica psiquiátrica, farmacología, enfoques psicodinámicos psicoanalíticos, sistémicos, terapias breves, grupales y familiares, supervisiones, y con centralidad en una orientación comunitaria. Sin embargo, este proceso de transformación se canceló por la dictadura militar con sus efectos de detenciones, desapariciones y desprotección de la salud comunitaria.

En la provincia de Río Negro, desde mediados de los años 80 se inició un proceso de desmanicomialización con el cierre y reconversión del Hospital Psiquiátrico de Allen en Hospital General (1988) y la promulgación de la Ley 2440/91 de Promoción Sanitaria y Social de las personas que padecen sufrimiento mental. En ella se afirma la recuperación de la identidad, respeto y dignidad de las personas con padecimiento mental, expresada en términos de reinserción comunitaria como fin de la ley. Como señalan Cohen y Natella (2013), en el contexto de la desmanicomialización, lo comunitario fue un valor y una estrategia. También constituyó un espacio social de intercambio en el que todos pueden desarrollar capacidad de influencia, recibir y dar, aprender y enseñar, cuidar y ser cuidados. Las prioridades de la red de servicios se vincularon con la promoción de la persona con sufrimiento psíquico y su familia, con el propósito de cuidar/acompañar/autonomizar, pero también con la promoción de las instituciones sociales y la comunidad en su conjunto a fin de estimular: 1) el fortalecimiento y/o reconstrucción de la red social y ayuda mutua del usuario; 2) la atención de crisis en el propio territorio; 3) la inclusión social de los usuarios con garantía de derechos fundamentales; 4) el trabajo intersectorial y con las redes comunitarias para fomentar su sensibilización, involucración, responsabilidad y disminución del estigma social.

Para acercar la formación de las/os estudiantes de la Facultad de Psicología de la Universidad de Buenos Aires a una modalidad innovadora, planificamos una pasantía en la provincia de Río Negro denominada "Salud Mental y desmanicomialización", a cargo de Graciela Zaldúa y en la que participaron docentes como Ana Tisera y Asunción Suárez, la cual significó un acontecimiento para quienes hicieron la experiencia varios años, hasta su cierre institucional *a posteriori* de un accidente automovilístico mortal, en una ruta provincial. Nuestro recuerdo a la alumna Mariana Suhilar y a los profesionales del equipo móvil de intervención a distancia, la patrulla de Salud Mental de Cinco Saltos, está también presente en este libro.

Hoy dos temas nos interpelan: la incertidumbre de la vigencia de la Ley Nacional de Salud Mental y Adicciones 26.657 y las limitaciones a las incumbencias profesionales que afectan a varias profesiones y en particular al ejercicio de la psicología. En este contexto, este texto es parte de una trilogía en la que se da cuenta de la existencia de diversos dispositivos instituyentes en los campos de géneros, infancias y adolescencias y salud mental. En este libro en particular, las problemáticas del campo de salud mental y los dispositivos instituyentes se presentan a partir de los/las siguientes autores/as docentes e investigadores del equipo mencionado.

Marcela Bottinelli nos proporciona un diagnóstico de situación, clave para la interpretación del campo de la salud mental en el capítulo "El derecho a la salud, la salud como derecho. Sobre el marco normativo en salud mental y adicciones y los dispositivos para su implementación".

Ana Tisera y José Lohigorry transmiten reflexiones sobre la práctica y articulan con conceptualizaciones críticas del campo de la salud mental en los capítulos: "Contexto socioeconómico: la mercantilización de la salud"; "Modelos de atención en salud mental. Dispositivos asilares versus dispositivos comunitarios"; "La voz de los usuarios de dispositivos de salud mental" y "Prácticas inclusivas sociohabitacionales. Programa Residencial en Salud Mental, Hospital José T. Borda".

Roxana Longo reconstruye una genealogía de "Experiencias y dispositivos instituyentes en salud mental", alternativas y sustitutivas del campo, como memoria imprescindible que nos convoca al reconocimiento de quienes apostaron a otras lógicas dignificantes del otro y no hegemónicas y reificantes.

Esta segunda producción del proyecto de investigación UBACyT dialoga con saberes y prácticas que resisten la connivencia con la crueldad del estigma que asocia locura a peligrosidad, y del sometimiento a las relaciones de desigualdad y opresión. A manera de Benjamin, tratamos de cepillar la historia a contrapelo y con un futuro abierto y no dado como resultado inevitable de la evolución social ni del progreso económico, técnico o científico. Sus tesis sobre el concepto de la historia son como un aviso de incendio sobre la ideología del progreso que oculta la amenaza destructiva de las relaciones de desigualdad y opresión a la que se debe contraponer la fuerza negativa de la utopía emancipatoria. Hoy en contextos neoliberales de desigualdades e inequidades y discursos de resignación y naturalización encubridores vale resignificar el campo de salud mental.

1

El derecho a la salud, la salud como derecho

*Sobre el marco normativo en salud mental
y adicciones, y los dispositivos
para su implementación*

MARÍA MARCELA BOTTINELLI

El derecho a la salud es un derecho social básico enmarcado en el concepto de políticas públicas universales. Es por ello un derecho que titularizan todas las personas e involucra el "*sustractum* indispensable para el ejercicio de otros derechos y resulta una precondición para la realización de valores en la vida y en el proyecto personal de todo ser humano" (Gil Domínguez, Famá y Herrera, 2006: 943; citado por Menossi y Olmos, 2015: 135).

La salud mental es un campo de disputas históricas expresadas de diferentes modos en los saberes, las prácticas, las macro y micropolíticas de poder en las que tensiona la hegemonía. Dichas disputas se expresan en las concepciones que pueden ser enmarcadas en dos tipos de lógica: las de los complejos tutelares o la de desmanicomialización (Zaldúa y Bottinelli, 2010). Cada una de ellas sostiene una serie de características que se expresan y cobran formas paradigmáticas en los discursos, acciones y actores como posicionamientos ético-políticos, ontológicos y teórico-epistemológicos opuestos.

Los cuestionamientos al locus de control en salud mental tienen antecedentes nacionales e internacionales tanto en experiencias y dispositivos como en declaraciones, consensos y marcos normativos. La experiencia italiana (Ley 180), la experiencia del Servicio de Psicopatología del Hospital Policlínico de Lanús "1°", Servicio de Psiquiatría en un hospital general (a cargo de M. Goldenberg) y el Plan Goldenberg, la experiencia de Río Negro (Ley 2440); la Declaración de Caracas, la Conferencia de Brasilia, la Ley 448 de Ciudad de Buenos Aires, el Consenso de Panamá, son algunos de los antecedentes y referencias que retoma y en los que se basa en nuestro país la Ley Nacional de Salud Mental y Adicciones 26.657 (sancionada en 2010).

En Argentina el proceso participativo de construcción, reciente promulgación en 2010 y regulación en 2013 de la Ley Nacional de Salud Mental y Adicciones 26.657 es un hito histórico que enmarca una serie de modificaciones y reposicionamientos en el campo, que a través de la inscripción legal refuerzan su legitimidad (Testa, 2006).

La Ley Nacional de Salud Mental y Adicciones N° 26.657

La Ley Nacional de Salud Mental y Adicciones 26.657 incorpora como dimensión central el respeto por los derechos humanos de las personas con padecimientos mentales (incluyendo en dichos padecimientos el uso problemático de drogas legales e ilegales), sosteniendo su autonomía y no discriminación, impulsando la perspectiva comunitaria, integral, procesual, que propone un abordaje participativo, en red e interdisciplinario, respetuoso de las incumbencias profesionales, que incluye los determinantes sociales en los procesos de salud – enfermedad – atención y cuidado, y que sostiene la excepcionalidad de las internaciones. Incluye la problemática de las adicciones, históricamente relegada, en el campo de la salud mental y la desplaza de la perspectiva que la sostenía como punible desde el punto de vista de la ilegalidad. Brinda así un marco para las políticas en salud mental enmarcadas en el cumplimiento de todos los compromisos suscriptos respecto de los principios internacionales de derechos humanos, y los estándares internacionales de salud mental establecidos internacionalmente y los emergentes de los procesos de transformación en el campo de la salud mental centrados en el paradigma de derechos.

En su artículo 3° define la salud mental como:

> … un proceso determinado por componentes históricos, socio-económicos, culturales, biológicos y psicológicos, cuya preservación y mejoramiento implica una dinámica de construcción social vinculada a la concreción de los derechos humanos y sociales de toda persona.

Se debe partir de la presunción de capacidad de todas las personas. En ningún caso puede hacerse diagnóstico en el campo de la salud mental sobre la base exclusiva de

- Estatus político, socioeconómico, pertenencia a un grupo cultural, racial o religioso. Demandas familiares, laborales, falta de conformidad o adecuación con valores morales, sociales, culturales, políticos o creencias religiosas prevalecientes en la comunidad donde vive la persona.
- Elección o identidad sexual.
- La mera existencia de antecedentes de tratamiento u hospitalización. (Ley 26.657, 2010)

La ley sostiene un paradigma alternativo al cuestionar la lógica manicomial y el sintagma locura-peligrosidad, prohibiendo la creación de nuevos manicomios públicos o privados y adaptando los existentes. Propone una mirada intersectorial de la salud mental que atienda a todos los niveles del proceso de salud – enfermedad – atención y cuidado. Se define como bien público (art. 45), lo que implica un piso básico de derechos que deben cumplirse en forma efectiva desde su promulgación. Su cumplimiento es obligatorio en todo el territorio de la nación,[1] asegurando el derecho de protección de su salud mental para todos los habitantes y particularizando los derechos de las personas con padecimientos mentales.

Su construcción es resultado de un intenso proceso participativo histórico social reflejado durante su redacción y aprobación, el cual quedó plasmado en su letra para la implementación, y en el que participaron legisladores de diferentes bloques políticos, pero además organizaciones de usuarios, familiares, profesionales, organismos de derechos humanos, gremiales y políticos, recibiendo un fuerte impulso por el gobierno nacional para su promulgación. La Ley contó también con el asesoramiento y la valoración de organismos internacionales. Así, la Organización Panamericana de la Salud y la Organización Mundial de la Salud (OPS/OMS) la reconocieron como la más avanzada de la región y ejemplo a seguir en el mundo en materia de salud mental.

Esta ley asegura, para todas las personas, el derecho a la protección de la salud mental, el que deberá ser respetado en todos los servicios y efectores de salud del país, tanto del sector público como del privado, y en todos los niveles de atención. Entre las garantías explícitas en sus 46 artículos se promueven: el derecho a la intimidad; el derecho a vivir en comunidad; el derecho a la atención sanitaria adecuada; el derecho a mantener los vínculos familiares y afectivos; el derecho a la no-discriminación; el derecho a la información sobre su estado de salud; el derecho a la autonomía personal; también reconoce el derecho a la identidad, no

---

[1] Al respecto cabe señalar que, como ya anticipamos, tenemos un sistema federal, cada jurisdicción puede adherir y puede también sancionar su propia legislación, siempre y cuando no contradiga o limite en ningún aspecto a la Ley Nacional. Además toda ley sancionada es de cumplimiento obligatorio desde su promulgación, más allá de que existan decretos regulatorios que expliciten las formas e instancias implicadas en su efectivización.

solo garantizando su inclusión social e integración, sino sus derechos básicos fundamentales (particularmente en las personas internadas cuya identidad se desconoce).

Los derechos básicos que propone pueden agruparse en los siguientes:

- Principios generales de salud mental y derechos humanos y protección contra la discriminación, particularmente para las personas usuarios/as de los servicios de salud mental (proponiendo garantías respecto de ser reconocidos como sujetos de derecho y que se presuma su capacidad, no ser discriminados por un diagnóstico, padecimiento, antecedentes de tratamiento u hospitalización; recibir información adecuada sobre sus derechos en relación con el sistema de salud mental).
- Principios generales sobre la modalidad de abordaje en salud mental. Proponiendo garantías para todos los usuarios de servicios de salud mental respecto de acceder de modo gratuito, igualitario y equitativo; atención integral de la salud mental, desarrollada preferentemente fuera del ámbito de internación, en el marco de un abordaje interdisciplinario e intersectorial, basado en principios de atención primaria de la salud; ser atendidos en hospitales generales, sin discriminación; que no se creen nuevos manicomios, y que los existentes se adapten a los principios de esta ley, hasta su sustitución por dispositivos basados en la comunidad; ser tratados con base en la estrategia de atención primaria de la salud en el lugar más cercano a su domicilio.
- Derecho al consentimiento informado. Garantiza para toda persona usuaria de los servicios de salud mental el consentimiento informado para todo tipo de intervenciones, es decir, su derecho de recibir información adecuada y comprensible a través de los medios y tecnologías que sean necesarias acerca del estado de salud, el tratamiento, y las alternativas de atención; y que la

información sea brindada a familiares o representantes legales de la persona, en caso de que ésta tenga dificultades para comprenderla.

- Derechos de los usuarios en los tratamientos. Garantiza particularmente: poder tomar decisiones relacionadas con la atención y el tratamiento, y que éste sea personalizado, en un ambiente apto con resguardo de la privacidad y la libertad de comunicación, y que promueva la integración familiar, laboral y comunitaria; conocer y preservar la identidad, los grupos de pertenencia, la genealogía y la historia personal; ser acompañados por familiares, afectos o cualquier allegado a quien se designe, durante todo el período de tratamiento; que la medicación solo se prescriba con fines terapéuticos, a partir de evaluaciones profesionales en el marco de abordajes interdisciplinarios, y nunca de forma automática, como castigo, por conveniencia de terceros, o para suplir la necesidad de cuidados especiales; acceder a la historia clínica (en forma personal, o a través de familiares, un abogado, o cualquier allegado a quien se designe), en la que debe registrarse diariamente la evolución de la salud y todas las intervenciones del equipo tratante.

- Derechos de los usuarios en las internaciones. Garantiza que la internación se prescriba en función de criterios terapéuticos interdisciplinarios e integrales, con dictamen fundado y firmado por al menos 2 profesionales (uno debe ser psicólogo o médico psiquiatra), que solo se lleve a cabo cuando aporte mayores beneficios terapéuticos que el resto de las intervenciones realizables en el entorno familiar o comunitario, y que sea lo más breve posible, que nunca se prescriba ni prolongue para resolver problemáticas sociales o de vivienda.

Respecto de la internación involuntaria, explicita las garantías adicionales de que la internación se aplique de modo excepcional, solo cuando a criterio del equipo de salud exista situación de riesgo cierto e inminente para sí o para terceros, y únicamente en el caso de que no sean posibles los abordajes ambulatorios; que en un plazo máximo de 10 horas se notifique la internación a un juez y al órgano de revisión, para que controlen periódicamente la legalidad y condiciones de la medida; y que se cuente con un abogado defensor proporcionado por el Estado, desde el momento en que se inicia la internación, quien se podrá oponer a la medida y solicitar la externación en cualquier momento.

En síntesis, la ley promueve abordajes interdisciplinarios e intersectoriales para la atención de la salud mental, integrados los equipos por profesionales, técnicos y otros trabajadores capacitados, incluyendo las áreas de psicología, psiquiatría, trabajo social, enfermería, terapia ocupacional y otras disciplinas y/o campos pertinentes sociales, jurídicos, del arte y la cultura.

La internación asociada a la peligrosidad para sí y para terceros es sustituida por la constatación de riesgo cierto e inminente, restringiendo las internaciones involuntarias y puestas bajo el control de un Órgano de Revisión con participación de organismos de derechos humanos. En este sentido, se reafirma que el proceso de atención debe realizarse preferentemente fuera del ámbito de internación hospitalario con abordajes interdisciplinarios, intersectoriales y comunitarios, basados en los principios de la atención primaria y orientada al reforzamiento, restitución o promoción de los lazos sociales. Se señala que en el caso de internación debe ser lo más breve posible en función de criterios terapéuticos interdisciplinarios y registros en las historias clínicas de la evolución del paciente y de las intervenciones del equipo interdisciplinario.

Se prohíbe la creación de nuevos manicomios, neuropsiquiátricos o instituciones de internación monovalente públicos o privados, y los existentes deben adaptar los objetivos y principios hasta su sustitución definitiva por dispositivos alternativos.

Un punto relevante es su integración a las políticas de inclusión social y la propuesta explícita del lugar de la educación, promoción y prevención, expresada así en la página de la DNSMyA:

> La prevención, que abarca a las áreas de educación, trabajo, desarrollo social, comunicación, entre otras, se privilegia como la mejor estrategia para asegurar la salud mental de los argentinos. También, la adecuación de las coberturas que brindan las obras sociales y, como un punto fundamental, la capacitación de los profesionales y todos los trabajadores de la salud, protagonistas junto a usuarios y familiares de esta nueva etapa (DNSMyA, 2012).

Para producir todos estos cambios la norma garantiza además un financiamiento muy importante, consistente en un aumento progresivo de las partidas para salud mental hasta llegar a un 10% del presupuesto total de salud, y se invita a que las provincias, cuyos presupuestos son establecidos por las legislaturas locales, adopten el mismo criterio.

El proceso de implementación. Algunas consideraciones sobre los dispositivos emergentes de la ley para sostener su implementación

Para garantizar la viabilidad de los procesos de implementación y legitimación de la ley y las políticas en que se enmarcan (Sarraceno, 2013; Amarante, 2009), es necesario diseñar y construir acciones concretas que promuevan y posibiliten los cambios de paradigma propuestos (Galende, 2008; Bottinelli, 2013).

Si bien las leyes y políticas son marcos que promueven derechos, sus procesos de implementación requieren acciones consistentes y específicas que sostengan la complejidad del cambio de paradigma para garantizar su implementación.

El marco normativo actual en Argentina se sostiene en la Ley Nacional de Salud Mental 26.657, el Decreto Nacional 603/13 (Reglamentación), y el Plan Nacional de Salud Mental (2013).

La Ley Nacional de Salud Mental y Adicciones 26.657 (2010) se articula con una serie de acciones que sostienen su implementación como política pública a nivel nacional que se expresan por ejemplo en los procesos participativos de generación del Plan Nacional de Salud Mental (2013), la Creación de la CONISMA (2011), el Órgano de Revisión (2012), el Consejo Consultivo Honorario en Salud Mental y Adicciones (2014), la Regulación de la Ley en 2013; la consulta pública para la formulación de "Recomendaciones para la formación de profesionales en salud mental" y su sistematización realizada por la Dirección de Salud Mental y Adicciones y la Comisión Nacional Interministerial en Políticas de SMyA-Jefatura de Gabinete de Ministros (2013), así como la articulación con el Ministerio de Educación y las universidades para generar el documento sobre "Lineamientos para la formación profesional" (2015).

Organismos, dispositivos y modos de participación en la implementación de la Ley

La sanción de la Ley Nacional de Salud Mental N° 26.657 propone favorecer la participación comunitaria, en particular de organizaciones de usuarios y familiares de los servicios de salud mental, pero además visibiliza y deja explícitamente señaladas características o requerimientos retomados en el Decreto Reglamentario y el Plan Nacional de Salud Mental, que incorporan organismos o dispositivos con características específicas para el cumplimiento de muchos de los principios fundantes de la ley como participación comunitaria, interdisciplina, intersectorialidad, formación profesional, entre otros. Por ejemplo, en el art.

2° del Decreto Reglamentario Nacional 603/2013, se insta a convocar a organizaciones de la comunidad que tengan incumbencia en la temática para participar de un Consejo Consultivo, a fin de exponer las políticas que se llevan adelante y escuchar las propuestas que se formulen.

Para garantizar la intersectorialidad, el análisis del marco normativo y regulatorio muestra que quedan implicadas diferentes áreas del Ejecutivo. Entre otras: el Ministerio de Salud como autoridad de aplicación; el Ministerio de Desarrollo para sostener la inclusión social; el Ministerio de Trabajo para trabajar sobre la inclusión laboral y la fiscalización; el Ministerio de Educación para garantizar la promoción y prevención, y trabajar sobre la formación de grado en las universidades; el Ministerio del Interior para proveer la identificación-DNI; el Ministerio de Planificación para incluir las adaptaciones edilicias necesarias; el Ministerio de Seguridad para trabajar sobre los protocolos de urgencia; la Secretaría de DD.HH. para participar de los protocolos de fiscalización y los protocolos de investigación; el AFSCA e INADI para trabajar las políticas antidiscriminación; la Superintendencia de Riesgos para trabajar sobre la adaptación de prepagas y obras sociales; el INDEC para colaborar en el censo (requerido por la ley).

Las instancias a nivel nacional que quedan involucradas con organismos específicos creados y puestos en marcha a partir de la implementación de la ley son: como autoridad de aplicación la Dirección Nacional de Salud Mental y Adicciones del Ministerio de Salud de la Nación; el Órgano Nacional de Revisión, las Unidades de Letrados Art. 22° y la Unidad de Letrados de Personas Menores de Edad desde el Ministerio Público de Defensa; la Comisión Nacional Interministerial en Políticas de Salud Mental y Adicciones (CoNISMA) y el Consejo Consultivo Honorario desde la Jefatura de Gabinete de Ministros; y la Comisión Art. 34° para supervisión, estándares y habilitaciones dependiente de los Ministerios de Salud y de Justicia y Derechos Humanos.

La articulación entre la intersectorialidad y la participación comunitaria. La CoNISMA y el Consejo Consultivo

La CoNISMA fue creada por el Decreto Reglamentario 603/2013[2] de fecha 28 de mayo de 2013, publicado en el Boletín Oficial Nº 32649, el 29 de mayo de 2013.

La CoNISMA tiene una función primordial que es la responsabilidad de garantizar la articulación intersectorial para el cumplimiento del marco normativo en salud mental y adicciones. Su composición incluye sectores y actores diversos identificados como imprescindibles para la implementación de la Ley 26.657 (ver gráfico), pero además puede involucrar para cada acción identificada a los actores intersectoriales necesarios para viabilizarla. De ahí la gran potencia de que inicialmente este órgano dependiera de la Jefatura de Gabinete de Ministros[3] con una Secretaría Ejecutiva.

Las principales líneas y acciones de trabajo hasta 2015 fueron:

- Programa de Capacitación con el Ministerio de Seguridad
- Infancia y Medicalización: pautas para el campo educativo
- Protocolo de Inimputabilidad

---

[2] El artículo 2 determina: "Crease la COMISION NACIONAL INTERMINISTERIAL EN POLITICAS DE SALUD MENTAL Y ADICCIONES en el ámbito de la JEFATURA DE GABINETE DE MINISTROS, presidida por la Autoridad de Aplicación de la Ley citada e integrada por representantes de cada uno de los Ministerios mencionados en el artículo 36 de la Ley N° 26.657". Más adelante el mismo artículo establece que "La Autoridad de Aplicación deberá convocar a organizaciones de la comunidad que tengan incumbencia en la temática, en particular de usuarios y familiares y de trabajadores, para participar de un Consejo Consultivo de carácter honorario al que deberá convocar al menos trimestralmente, a fin de exponer las políticas que se llevan adelante y escuchar las propuestas que se formulen".

[3] Actualmente, desde 2016 ha pasado a depender del Ministerio de Salud, lo que restaría viabilidad jerárquica a su articulación.

- Recomendaciones a las Universidades y Propuesta de Modificación de los currículos universitarios
- Protocolo de Insanias
- Convenio con Ministerio de Empleo
- Spot audiovisual sobre la Ley Nacional de Salud Mental

Las acciones desarrolladas en dichas líneas se expresaron, entre otras formas, en documentos de trabajo y para difusión. A modo de ejemplo, presentamos brevemente las articulaciones involucradas en dos de ellos: los "Recursos útiles para la externación", y las "Pautas para evitar el uso inapropiado de diagnósticos, medicación u otros tratamientos en infancias".

Del trabajo sobre los procesos de externación se propuso como producción para difusión la confección de una serie de recursos útiles para la externación, los cuales fueron construidos intersectorialmente y consensuados a partir de recuperar experiencias respetuosas del paradigma propuesto por la ley. El material preparado, y cada uno de los integrantes de dicha comisión y participantes, figuraba disponible en la página web tanto de la Jefatura de Gobierno como de la CoNISMA. La elaboración de esta iniciativa articuló e incluyó la participación de Trabajo, Educación, Vivienda, Deportes, Seguridad Social (jubilaciones y pensiones); Asignaciones familiares y ayudas escolares, Apoyos para discapacidad; Asesoramiento legal y acceso a la justicia.

Otro documento emergente del trabajo intersectorial y participativo, que fue y sigue siendo considerado de referencia en el campo, es el de "Pautas para evitar el uso inapropiado de diagnósticos, medicamentos u otros tratamientos a partir de problemáticas del ámbito escolar", aprobado en la sesión 12/14 (CoNISMA, diciembre de 2014). Para dicha elaboración, el documento considera las leyes N° 26.529 de Derechos del Paciente; N° 26.061 de Protección integral de los Derechos de las Niñas, Niños y Adolescentes;

Nº 26.206 de Educación Nacional, y Nº 26.657 de Salud Mental. Se enmarca además en los compromisos y planes de las áreas y sectores comprometidos, tales como: el Plan Nacional de Acción por los Derechos de Niñas, Niños y Adolescentes 2012-2015; el Plan Nacional de Salud Mental aprobado por Resolución N° 2177/13; la Resolución del Consejo Federal de Educación N° 239/14 "Pautas federales para el acompañamiento y la intervención de los equipos de apoyo y orientación que trabajan en el ámbito educativo"; y retoma las consideraciones y sugerencias elaboradas por el Consejo Consultivo Honorario en Salud Mental y Adicciones a través del Anexo IV del Acta 2/14 de dicho órgano.

Los sectores y actores que participaron en el documento incluyen a los miembros de la CoNISMA y los convocados por la temática: Ministerios de Salud, Desarrollo Social, Educación, Trabajo, Justicia y DD.HH., Cultura, Seguridad, SENAF, INADI, Sedronar. Además, incluyó los aportes de equipos técnicos específicos del ámbito del Ministerio de Educación de la Nación, y de distintas organizaciones sociales (sindicatos, asociaciones de profesionales, unidades académicas, organismos de DD.HH., organizaciones de usuarios y familiares) nucleadas en el Consejo Consultivo Honorario en Salud Mental y Adicciones. Una vez confeccionado, el documento fue trabajado por los distintos equipos del Ministerio de Educación de la Nación, habiendo sido presentado ante el Consejo Federal de Educación y ante todos los ministros de Educación del país. Durante 2015 se comenzó un trabajo de difusión masiva en todas las escuelas a través de la distribución de un cuadernillo con el documento final, así como también de un tríptico acotado y resumido, que pudiera tener llegada no solo a los docentes y equipos sino también a toda la comunidad educativa. Todos ellos se subieron, al igual que en el caso del documento anterior, a las páginas web respectivas de todos los participantes del proceso para promover su uso y acceso público. Se realizaron además trípticos y diferentes formas de difusión que fueron incluidas en la página web para su descarga y uso.

Por su parte, en el proceso de implementación también se instituye otra herramienta de participación comunitaria y construcción política de la implementación de la ley y el marco normativo de derechos consistente con el espíritu de la ley: el Consejo Consultivo Honorario en Salud Mental y Adicciones, que se propone entre sus funciones como órgano de consulta y referente para cada una de las acciones y propuestas tratadas por la CoNISMA.

Una vez conformada la CoNISMA, y como parte de las acciones que garanticen el cumplimiento de las normativas y la participación en el proceso de implementación de la ley, dicha comisión crea el Consejo Consultivo Honorario de Salud Mental, integrado por organizaciones pertenecientes a diferentes categorías: asociaciones gremiales, asociaciones y colegios de profesionales, organismos de derechos humanos, unidades académicas y organizaciones de usuarios, cuyos representantes consejeros ejercen sus funciones por cuatro años. (artículo 21, Anexo I, Acta 6/14 de la CoNISMA). Éste depende operativamente de la CoNISMA y articula las organizaciones de la sociedad civil a nivel federal con el Estado nacional para la implementación de las políticas públicas.

La CoNISMA realizó la convocatoria pública a organizaciones interesadas a postularse entre julio y agosto de 2014, a la cual se postularon más de 40 organizaciones de todo el país, e incluyó un período para impugnaciones. A través de una subcomisión creada *ad hoc*, realizó la evaluación considerando los siguientes criterios: historia y compromiso de la organización con la temática de la salud mental y los derechos humanos; calidad de los avales presentados; nivel de representatividad de la organización; distribución federal; antigüedad de la organización; alcance de sus actividades; tipo y calidad de actividades desarrolladas. Se priorizó ante todo el alcance territorial de las organizaciones, ponderando agrupamientos nacionales y regionales, así como la participación de organizaciones de usuarios y familiares de los servicios de salud mental y adicciones.

Finalmente, el 19 de septiembre la CoNISMA oficializó a las 30 organizaciones que forman parte del Consejo[4] y el 10 de octubre de 2014, en el marco del Día Mundial y Nacional de la Salud Mental, asumieron formalmente los consejeros y consejeras, llevándose a cabo ese mismo día su 1° sesión plenaria. La convocatoria, el listado de postulantes y la nómina final con los integrantes del Consejo fueron publicados en el Boletín Oficial de la República Argentina, y se comunicó a universidades, direcciones provinciales de salud mental y demás actores del campo.

Las funciones del Consejo quedaron explicitadas como: realizar propuestas no vinculantes en materia de salud mental y adicciones, contemplar las problemáticas y particularidades de los distintos sectores a los que representan, en el marco de la legislación vigente, y realizar las observaciones que crea pertinentes acerca de las políticas que se llevan adelante.

---

[4] Las instituciones finalmente seleccionadas fueron: ADESAM; AMASM; APADeA; APDH; APUSSAM; ARDA; Asociación Argentina de Terapistas Ocupacionales; Asociación de Psicólogos del Gobierno de la CABA; Asociación Madres contra el paco y por la vida; Asociación Madres de Plaza de Mayo; Asociación Neuropsiquiátrica Argentina; Asociación Pro Sindicato de Amas de Casa; Cátedra de Psicología Sanitaria (Psicología - Córdoba); Cátedra Libre de Salud y Derechos Humanos (Medicina - UBA); Cátedra Problemática de la Salud Mental en Argentina. (Trabajo Social - UBA); Cátedras de Salud Pública/Mental (Psicología - UBA); Consejo Profesional de Graduados en Servicio Social o Trabajo Social; CTERA; Departamento de Salud Comunitaria Centro de Salud Mental Comunitaria - UNLA; Derecho, Psiquis y Sociedad (UNLZ); Experiencia Santa Fe; FEPRA; FONGA; Foro de Instituciones de Profesionales en Salud Mental de la Ciudad de Buenos Aires; Forum Infancias; Intercambios Asoc. Civil; Médicos del Mundo Argentina Asoc. Civil; Red Argentina de Arte y Salud Mental; Red por la Plena Implementación de la Ley Nacional de Salud Mental N° 26.657; UPCN.

El Consejo se reúne en sesiones plenarias cada 3 meses, pudiéndose convocar a sesiones extraordinarias por motivos especiales o urgentes. Como la normativa lo indica, el Consejo sancionó su Reglamento interno, designó a sus autoridades incluyendo su recambio hasta la actualidad. A su vez, la CoNISMA designó un secretario técnico administrativo y funcionó hasta finales de 2015 oficiando de enlace permanente y operativo, dado el carácter honorario de los miembros, y las tareas y funciones requeridas para la articulación.

El Consejo tiene la potestad de presentar proyectos de declaración o de resolución. Éstos son vehiculizados a través de las comisiones de trabajo, las cuales son: I) Inclusión social y vida sustentable en la comunidad; II) Interdisciplina y trabajadores de la salud mental; III) Salud mental y diversidad; IV) Acceso a la salud; V) Comunidad, cultura, arte y comunicación. Luego de su tratamiento en comisión se consensúan las declaraciones o resoluciones en plenario y se elevan a la autoridad de aplicación.

Algunas de las líneas de trabajo realizadas hasta el final de 2015 pueden agruparse en los siguientes ejes centrales:

Infancias

- Aportes al documento "Pautas para evitar el uso inapropiado de diagnósticos, medicamentos u otros tratamientos a partir de problemáticas del ámbito escolar"
- Aportes a la reglamentación de la "Ley TEA"

Instancias de aplicación de la Ley Nacional de Salud Mental

- Seguimiento de instancias gubernamentales de todo el país de aplicación de la normativa vigente
- Repudio público a distritos y provincias que vulneran derechos fundamentales

Inclusión social y procesos de externación

- Seguimiento del estado actual de procesos de externación e inclusión social en dispositivos sustitutivos al manicomio
- Impulso del cumplimiento del art. 7° de la Ley Nacional

Arte, cultura y comunicación

- Promoción de diversos proyectos que sitúan al arte y a distintas estrategias de comunicación como piezas clave al interior de procesos de atención en salud mental.

A finales de 2015, frente al resultado de las elecciones nacionales y el cambio político, se realizó durante la última sesión plenaria una síntesis de todo el trabajo realizado, se preparó un *dossier* con toda la información del Consejo y una carta dirigida a las nuevas autoridades luego de las elecciones que explicitaba las tareas realizadas e informaba el cronograma de reuniones aprobado según reglamento para el año siguiente. Sin embargo y pese a las reiteradas comunicaciones, no hubo respuestas a dichas notas, tal como consta en las diferentes declaraciones realizadas por el Consejo. Teniendo en cuenta la necesidad de dar cumplimiento efectivo a la legalidad y a las responsabilidades asumidas, las organizaciones componentes del Consejo nos presentamos en las fechas convenidas con la lamentable ausencia de algunas organizaciones del interior que no pudieron viajar dado que no hubo autoridades de la CoNISMA que giraran el presupuesto correspondiente para poder realizar los traslados. En dichas reuniones se votó por mayoría continuar con el compromiso adquirido de cumplir con nuestras reuniones y con la revisión y seguimiento de la implementación de la ley, así como seguir reclamando la efectiva implementación de los compromisos que de ella derivan, entre otros, los referidos a la convocatoria al Consejo Consultivo. Recién en el segundo semestre de 2017 se logró implementar una reunión con las autoridades. Hacia finales de 2016 y de 2017, se decidió sintetizar las preocupaciones respecto del área y tareas que nos competen en documentos que pudieran ser compartidos con toda la sociedad. En dichos documentos resultantes se presentaron informes de síntesis de los principales puntos trabajados, relevados y analizados.[5]

El contexto desde 2015 a la fecha muestra cambios sociales, políticos y económicos enmarcados en procesos de reforma laboral, reforma previsional, reforma fiscal, reforma educativa y reforma sanitaria. En el marco de un cambio de política general, en salud mental podemos diferenciar al menos dos fases respecto del campo. La primera, de desarticulación de líneas de trabajo anteriores, despido de trabajadores de salud, baja de programas territoriales, incluidos diferentes desconocimientos o desmantelamientos explícitos o implícitos de los dispositivos de sostén de la ley, con una dirección que explícitamente se había enunciado previamente contraria a la Ley Nacional de SMyA, postergación de la constitución de la CoNISMA, dilación en la convocatoria al CCHSMyA, desarticulación de los abordajes comunitarios y de derechos, e impulso de una propuesta de modificación del Decreto Reglamentario de la Ley 26.657 hacia fines de 2017, con marcada oposición a la perspectiva de la ley en su conjunto, y con algunos aspectos específicos, como los referidos a la inclusión de las adicciones como problemática de salud mental, el artículo 4, las internaciones, entre otras. En diciembre de 2017 y luego de un proceso muy participativo de colectivos, organizaciones, estudiantes profesionales, expertos, instituciones y diversos organismos de defensa de derechos, que se oponían a

---

5   Pueden consultarse las actas de reunión del Consejo Consultivo Honorario en Salud Mental y Adicciones en la página de la Dirección Nacional de Salud Mental y Adicciones, así como los documentos de referencia en <https://www.facebook.com/cchsaludmentalyadicciones>.

la propuesta de modificación del decreto reglamentario, se generan varios movimientos en el Ministerio de Salud, se desvincula al director nacional y se da marcha atrás a la propuesta modificatoria del decreto. En marzo de 2018 asume un director manifiestamente defensor de la ley, por lo que podemos considerar, al menos explícitamente y en las prioridades enunciadas, una segunda fase. Si bien recién está comenzando y se enunciaron prioridades acordes a la ley —como la realización del censo para personas internadas, la necesidad de revisión de la capacitación, se retomaron las reuniones periódicas y sistemáticas con el CCHSMyA, y se producen reuniones con diversos sectores—, creemos necesario señalar que todo ello se lleva a cabo en el marco de las políticas globales de salud sostenidas en la implementación de la Cobertura Universal de Salud, a través del Decreto de Necesidad y Urgencia 908/16 (CUS)[6] y en el marco de las políticas internacionales, nacionales y jurisdiccionales que afectan las condiciones de vida con fuerte impacto subjetivo e intersubjetivo, en las que se sustancian los determinantes sociales que entraman los procesos de salud – enfermedad – atención y cuidado.

Nuestro actual contexto normativo, en tanto se enmarca en el enfoque de derechos como política pública, es ampliatorio de los derechos ciudadanos, y explícitamente señala resguardos y requerimientos para su implementación, no solo en la atención sino en todos los procesos de salud – enfermedad – atención y cuidado de la salud mental integral, equitativa y universal. Por lo anterior, entendemos que todos los actores implicados y comprometidos con su implementación tienen el desafío de sostener en cada

---

6 El cual es objeto de diversos análisis que señalan la fuerte tensión entre los enunciados en dicha política y la efectivización de los derechos de salud con perspectiva integral, universal y de equidad que debe garantizar el Estado como responsable de los derechos constitucionales y el marco normativo existente en nuestro país.

uno de los espacios, instancias y dispositivos su proceso de implementación y no permitir que se reduzcan o trastoquen las garantías de sus alcances.

2

Contexto socioeconómico: la mercantilización de la salud

Ana Tisera y José Lohigorry

Según los médicos permanezco internado debido a que estoy enfermo. Trastornos mentales. Yo creo sin embargo que la mayoría de la gente padece de trastornos mentales, incluso los propios médicos. ¿O acaso la mayoría de los que están en los almacenes y en las tiendas es gente de razón? ¡Ninguna!
(Reportaje a Jacobo Fijman por V. Zito Lema, Buenos Aires, mayo de 1969).

Encierro y libertad son conceptos que se relacionan con la nueva perspectiva biopolítica actual. Estas estrategias de control de lo viviente atraviesan la historia de los últimos siglos y alcanzan su apogeo en el siglo XX, con los regímenes totalitarios que analizó, entre otros, Hanna Arendt. Las distintas instituciones cerradas por las que circulaba el sujeto moderno, que van desde la familia, pasando por la escuela, la fábrica, el hospital, y la cárcel como el centro de encierro por excelencia, atraviesan una crisis generalizada y un cambio en las formas, dando paso a otras estrategias biopolíticas de poder sobre los cuerpos donde se pone en juego la inclusión/exclusión social. En nuestro tiempo, es en la *nuda vida* donde se observa que se extreman las condiciones mínimas de supervivencia. Las políticas del encierro se encuentran en un momento de cambio, de quiebre entre un viejo paradigma y nuevas prácticas que se enfrentan a otras formas de disciplinamiento o de control.

El encierro o la libertad pueden ser falsos antagonismos cuando se trata, a veces, de sostener las condiciones mínimas para que la supervivencia no sea un estado de excepción. Incluidos pero encerrados, nos acerca a formas de borramiento de la subjetividad. Y la amenaza de la exclusión social no puede confundirse con la libertad que nos deja como herencia la *polis* griega.

Política y vida son términos que juegan en forma desarticulada cuando la responsabilidad del cuidado de ésta se pone en cuestión. La tensión establecida entre las políticas públicas y el condicionamiento del mercado deja planteada la impronta que esas lógicas articulan. El individualismo sostiene una mirada productora de un sujeto desprovisto de lazo social, fuera de todo intercambio, amenazado por la precaria figura de ser su propio empresario para luchar contra la exclusión. El individuo se contrapone a la idea de ciudadano en esta modernidad, caracterizada como líquida, que pone en aprieto la idea de ciudadanía y la política basada en ese principio, expulsando del discurso público todo lo demás. No hay pautas estables en plena desregulación, flexibilización y liberación mercantil, de modo que toda responsabilidad recae en el individuo (Bauman, 2002).

El Estado de bienestar solidario dio paso en la sociedad actual a la figura del cliente como modelo que se superpone al ciudadano, ahogando los sentidos propios de éste. Sociedad y Estado cambian su relación con la fuerte incidencia del mercado. El Estado benefactor de posguerra que viera surgir la ampliación de derechos entra en declive y la búsqueda de profundización de esos cambios encuentra obstáculos en su real aplicación luego del arrasamiento neoliberal de la década de 1990 y su agudización en los últimos años.

Las políticas neoliberales no solo conducen a la vulnerabilidad económica, sino también a la vulnerabilidad social y subjetiva, a la pérdida de los derechos ciudadanos, al desmantelamiento de los bienes sociales colectivos vinculados a necesidades materiales y simbólicas esenciales: educación y salud. Lleva a la destrucción de fuentes de trabajo y al avasallamiento de la soberanía territorial. Al mismo tiempo y como garantía de gobernabilidad, se despliega una política de cooptación ideológica que instala una nueva ética social, destructora de los mecanismos de solidaridad social y propiciadora de la violencia y de la corrupción. Las altas tasas de desempleo, el aumento de la población con necesidades básicas insatisfechas y el aumento de la pobreza son una clara muestra del impacto de las políticas neoliberales (Zaldúa, 2010).

Asa Cristina Laurell (1992) sintetiza los rasgos más salientes de las políticas neoliberales: reducción del gasto público (pero sosteniendo el pago de la deuda pública), incremento de tarifas de los bienes y servicios públicos, desregulación y flexibilización de la relación laboral (con ataques a los sindicatos, destrucción de los contratos colectivos y cambios regresivos en la legislación laboral), depresión salarial, redefinición del tipo de cambio, apertura de importaciones y privatización de las empresas públicas.

En el ámbito de la salud, el ideario neoliberal posiciona al ámbito privado como responsable de las actividades ligadas al cuidado de la salud y desliga al Estado como garante y financiador de la salud poblacional, de modo que quedan solo bajo su jurisdicción los problemas de salud o los sectores no cubiertos por el ámbito privado (Laurell, 1992; 1994). Un cambio significativo es el que se opera en la concepción de la salud: ésta pasa a ser una responsabilidad individual y privada. Este posicionamiento implica un corte con el sistema simbólico ideológico que caracterizaba al Estado benefactor que comienza a ser tildado de ineficiente. Desde una perspectiva crítica se sostiene que la finalidad de esta ideología es la de ubicar a la salud como actividad privada con el objetivo de convertirla en un nuevo campo de acumulación capitalista (Laurell, 1992; 1994).

La salud mental en deuda

El campo de la salud mental también se vio atravesado por un paulatino corrimiento de las responsabilidades estatales y la mercantilización de la salud. Esto se ve reflejado tanto en las prácticas como en las actuales formas de subjetivación de los procesos sociales. El avance de lo privado que se ha observado sostiene la vieja lógica manicomial, pero en un formato de clínica neurocientífica. Las internaciones prolongadas siguen siendo hoy en día situaciones excepcionales que dejan al sujeto por fuera de toda legalidad, dado que sus derechos se encuentran suspendidos, por sobre todo el derecho a la libertad. Diversas rutinas heterónomas van construyendo una práctica desubjetivante propia de las instituciones de encierro, aun con la presión legal de la vigente Ley Nacional de Salud Mental.

Aquellos que han atravesado una crisis que culmina en una internación devienen en una multiplicidad de destinos que concluyen frecuentemente en el hospital como recurso asilar, como el único hogar posible. Esa población es considerada vulnerable no solo por características de lo patógeno sino también por a) la pertenencia social que se concentra en sectores con marcadas desventajas sociales, b) el agravamiento de la cuestión etaria (jóvenes que inician la carrera moral del paciente mental, o adultos mayores que engrosan las filas de los olvidados de los geriátricos), c) la cantidad de reinternaciones que suelen ser indicadores de las fallas del sistema en sus distintos niveles y su posibilidad de acceso, d) el desarraigo generado por la oferta terapéutica que aleja a los sujetos de su comunidad, y e) la exclusión de la vida laboral combinada con la falta de red social.

En la actualidad, en nuestro país el marco situacional de la salud mental se caracteriza por la tensión entre el tradicional paradigma tutelar y el cambio de prácticas con perspectiva de derechos de los usuarios de salud mental, donde emergen problemáticas y obstáculos en lo político y en lo organizacional del sector.

Las normativas vigentes marcan una orientación hacia el cambio de paradigma. Así, tanto la Ley N° 448 de Salud Mental de CABA, como la Ley Nacional de Salud Mental (N° 26.657), desde una perspectiva de derechos (donde la libertad es la norma y el encierro/internación la excepción), establecen que la atención, la promoción y la prevención de la salud mental se realicen priorizando el ámbito comunitario. La Ley Nacional, sancionada en el año 2010 y reglamentada en el año 2013, además establece la consolidación de un modelo comunitario de atención mediante la adecuación de los efectores existentes y la creación de una red de servicios con base en la comunidad. Asimismo, reconoce la capacidad jurídica de los usuarios, incluyendo la toma de decisiones con apoyo y la participación en el propio tratamiento.

Sin embargo, pese a los avances de carácter legislativo y a la creación de programas o experiencias aisladas, la red de servicios de salud mental con base en la comunidad no se ha consolidado. Por ejemplo, en CABA, diversos informes y relevamientos dan cuenta de la desarticulación y escasez de propuestas que posibiliten procesos de externación y/o inclusión social para personas con padecimiento mental (CELS, 2013; MPT, 2014). En hospitales monovalentes[1] la progresiva disminución de la admisión y la revisión por parte de la justicia de situaciones de internación involuntarias no es acompañada por la apertura de camas

---

1   El Hospital Monovalente en Salud Mental es un hospital especializado en la atención de las personas con padecimiento mental. En CABA hay 4 hospitales monovalentes del sector público: uno de emergencias, dos para adultos y uno para niños, niñas y adolescentes. Los últimos tres se encuentran ubicados en la zona sur de la Ciudad.

para internación en hospitales generales, ni por dispositivos que favorezcan la externación y atención ambulatoria en el marco de los derechos de los usuarios, lo cual pone de relieve las tareas pendientes del Estado (CELS, 2013; MPT 2014). Asimismo, la partida presupuestaria destinada a los hospitales monovalentes (más de 80% del presupuesto para salud mental) indica el sostenimiento de políticas públicas ligadas al modelo asilar (MPT, 2013). En investigaciones previas, realizadas en cogestión con actores sociales del campo de la salud mental, se destaca que la política de desinstitucionalización debe consolidar la red de dispositivos sustitutivos que favorezcan la externación e inclusión social, así como una formación profesional acorde al nuevo paradigma de atención (Zaldúa *et al.*, 2016). Asimismo, se observa que luego de internaciones prolongadas la progresiva reducción de redes sociales, habitacionales y laborales produce efectos de habituación institucional. Esto interroga las prácticas e intervenciones que fomentan la apropiación del usuario respecto de su tratamiento, ubicándolo como sujeto con derechos y fortaleciendo la capacidad de exigibilidad y autonomía (Tisera *et al.*, 2016).

A partir de estas consideraciones se propone en los siguientes capítulos: trabajar la distinción entre el modelo asilar y tutelar y el modelo comunitario de atención; recuperar la voz de los usuarios en su descripción de los servicios de atención en salud mental mediante un relevamiento realizado en CABA, y por último, caracterizar la propuesta de un Programa Residencial en Salud Mental en tanto dispositivo sustitutivo a lógicas manicomiales. Estos trabajos de investigación fueron realizados en el marco del proyecto UBACyT "Exigibilidad del derecho a la salud: prácticas instituyentes y dispositivos psicosociales en la zona sur de la CABA", dirigido por la Prof. Graciela Zaldúa.

3

Modelos de atención en salud mental

*Dispositivos asilares
versus dispositivos comunitarios*

ANA TISERA Y JOSÉ LOHIGORRY

El concepto de dispositivo trabajado por autores como Foucault, Deleuze y Agamben posibilita analizar los distintos elementos y dimensiones que se articulan en determinado momento sociohistórico respecto de la concepción de salud mental y la atención de las personas con padecimiento mental. Al considerar tanto elementos discursivos como no discursivos este concepto favorece la reflexión respecto del conjunto de prácticas implementadas, de las instituciones destinadas a tal fin, de las normativas que regulan dicho campo y de las concepciones teóricas e imaginarias sobre qué se entiende por padecimiento mental en un determinado periodo.

El dispositivo (Foucault, 1977) puede entenderse como una red que mantiene unido un conjunto heterogéneo de discursos, instituciones, instalaciones arquitectónicas, leyes, medidas administrativas, enunciados científicos, proposiciones filosóficas y morales, etc., que se articulan de una manera específica y que, en conjunto, responden, en un momento histórico determinado, a una urgencia. Dichos elementos conforman una red con una naturaleza específica a partir de la cual el dispositivo produce formas de subjetividad, inscribiendo modos y formas de ser de acuerdo con determinados efectos de saber/poder. De este modo, los dispositivos buscan orientar prácticas singulares y conducir conductas, aunque diversas posibilidades latentes permiten que la práctica interprete y reinterprete lo que la regla significa en cada caso particular (García Fanlo, 2011). Para Deleuze (1990), dicha producción de subjetividad por los dispositivos se realiza bajo ciertas condiciones de posibilidad y sufre modificaciones a lo largo del tiempo.

En el campo de la salud mental, hacia fines del siglo XIX se consolidó un dispositivo asilar y tutelar que produjo prácticas de disciplinamiento moral y aislamiento del mundo social. En *Historia de la locura en la época clásica*, Foucault sostiene que el gesto de Pinel de liberar a los locos de las cadenas y separarlos de las otras figuras de la sinrazón (delincuentes, vagabundos, libertinos, etc.) se produjo en el marco de un nuevo ordenamiento jurídico. La asociación de la persona con padecimiento mental con figuras de peligrosidad posibilitaba su juzgamiento, la práctica de la internación y del tratamiento moral que se estableció en esa época. Es así como se produjo una interdicción del sujeto jurídico, y el hombre alienado es reconocido como incapaz y loco. Esta falta de autonomía, que implica una menoría, se constituye como estatuto jurídico. De esta forma el sujeto veía restringidos sus derechos civiles, y como sujeto psicológico quedaba librado a la autoridad y prestigio del hombre de razón, en este caso, el médico (Foucault, 2004).

Se constituyó así un "poder psiquiátrico" (Foucault, 2007) en el cual la internación en el asilo, las normas que lo permitían (en Francia, hacia 1838, el prefecto y el médico podían ordenar la internación) y el tratamiento implementado significaban un cambio de un dispositivo de poder del orden de la violencia (utilizado en cárceles, por ejemplo) por otro de disciplina. Y en ese sistema disciplinario asilar la distribución de las personas en el espacio, el régimen implementado y las tareas impuestas, así como la decisión sobre la curación o el carácter de incurable será la terapéutica fundamental en detrimento de los discursos científicos y la nosología de la patología mental. La conformación de un campo médico estatal de intervención, la asociación entre enfermedad mental y peligrosidad y la implementación de la disciplina como principal terapéutica consolidan un modelo asilar y tutelar que implementaba la internación prolongada y la restricción de derechos como principal acción.

Es la institución manicomial, catalogada como institución total (Goffman, 2006), un sitio donde se comparten tareas o se vive, en el cual determinada cantidad de sujetos en igualdad de condiciones, confinados por un tiempo considerable y alejados de la sociedad, comparten en su reclusión una cotidianeidad organizada desde lo formal. La distinción con otras instituciones totales radica en que en el manicomio los sujetos que allí se encuentran no han violado ninguna ley. Frente a esa realidad, desde una postura crítica, se inició una reflexión desde distintos sectores sobre la posibilidad de consolidar un modelo que considere la legitimidad, apoyo y capacidad de proyectos que tengan en cuenta la protección de derechos y su restitución. Este desafío implica una cuestión ética que interpela al Estado en tanto contribuye al sostén de sistemas de atención tutelares y a los profesionales que allí desarrollan sus prácticas (Galende y Kraut, 2006).

Fue hacia mediados del siglo XX, en la época de posguerra, cuando surgieron distintas propuestas de reforma psiquiátrica. En Italia la experiencia de la psiquiatría democrática, en la figura de Franco Basaglia, planteó una crítica radical al poder psiquiátrico y al modelo asilar y tutelar, alcanzando a cuestionar las prácticas simbólicas y concretas de violencia institucional (Amarante, 2009). Se inició así un proceso que ponía en primer lugar las necesidades y derechos de los sujetos, y garantizaba el acceso a ellos, la importancia de la atención en territorio preservando los vínculos de las personas y el papel del Estado como planificador de políticas públicas integrales.

Surge así, en el campo de la salud mental, la estrategia de desmanicomialización (Cohen y Natella, 2013; Sarraceno, 2003), que propone sustituir la centralidad del hospital monovalente en la atención de las personas con padecimiento mental. Para ello, desde la perspectiva de la salud mental comunitaria, se plantea una atención integral con base en la comunidad que garantice el acceso a derechos.

El modelo comunitario de atención en salud mental propone una integración al sistema general de salud y el desarrollo de una red de servicios basados en la comunidad, utilizando prioritariamente las estrategias de atención primaria de la salud, la promoción y prevención de la salud y la respuesta a las necesidades de internación, rehabilitación e inclusión social de las personas (Cohen y Natella, 2013). La consideración de los aspectos históricos sociales del padecimiento, la perspectiva ética en cuanto al cumplimiento de derechos, la concepción integral del sujeto y del padecimiento que incluyen elementos biológicos, psicológicos y sociales, la territorialidad, la equidad y la accesibilidad son algunas de las características más relevantes de dicho modelo.

4

La voz de los usuarios de dispositivos de salud mental[1]

ANA TISERA Y JOSÉ LOHIGORRY

Diversos autores sostienen que la creación e implementación de dispositivos sustitutivos de lógicas manicomiales (Faraone y Valero, 2013) requiere que los servicios propuestos para la atención, rehabilitación e inclusión social de las personas con padecimiento mental, articulados desde marcos normativos y prácticas socioculturales de desinstitucionalización, se desarrollen como espacios de sociabilidad, intercambio y producción de subjetividades (Amarante, 2009). Frente a la producción de subjetividades alienadas y heterónomas en dispositivos asilares, abordajes comunitarios articulados desde la perspectiva de derechos (garantizando el acceso a la vivienda, el trabajo, la educación, etc.) y orientados hacia la integración social pueden favorecer el rumbo de una cogestión de la producción de subjetividad (Guattari, 1996). Se habilita así, para las personas con padecimiento mental, la posibilidad de consolidar proyectos de vida autónomos y participar de los intercambios materiales y sociales en su comunidad.

Junto a esta perspectiva, los últimos años pusieron de relieve el protagonismo que han adquirido usuarios y familiares en cuanto a la posibilidad de participar en la planificación de la política pública. Las personas con discapacidad

---

[1] Una versión más amplia de este artículo puede encontrarse en Anuario de Investigaciones de la Facultad de Psicología Vol. XXII (1), pp. 263-271.

han acuñado el lema "nada por nosotros, sin nosotros," que se ha hecho extensivo a los usuarios de servicios de salud mental. Por ello, la incorporación de herramientas como el diagnóstico participativo o la contraloría social, que posibilitan promover procesos de participación popular, pueden contribuir a consolidar, mediante el monitoreo, la cogestión o la autogestión, políticas públicas que tengan por objetivo la emancipación de las personas con padecimiento mental.

Desde esta propuesta, la realización de investigaciones en cogestión con usuarios sobre las características que adquieren los dispositivos de atención en salud mental contribuyen a interpelar la persistencia de prácticas tutelares y fomentar el desarrollo de estrategias y recursos sustitutivos a la internación, de acceso a derechos y de consolidación de autonomía entendida como empresa social colectiva. Considerar los servicios de atención en salud mental y las prácticas de cuidado a partir de la trayectoria de los usuarios aporta al control e implementación de políticas públicas del sector, al constituir puntos de referencia para generar respuestas integrales que favorezcan la continuidad de cuidados e integración social de las personas con padecimiento mental luego de la externación.

Con la finalidad de profundizar respecto de los modelos de atención en salud mental y su aplicación, se presenta a continuación un relevamiento realizado en CABA que abordó la perspectiva de los usuarios sobre los servicios de atención, las trayectorias de atención y las posibilidades de externación.

Durante el año 2014, desde una perspectiva cualitativa, se realizó un relevamiento que tuvo por objetivo: comparar sentidos y significados sobre servicios de la red de salud mental (de atención, habitacionales y laborales) y prácticas socioculturales de usuarios que participaron en servicios de rehabilitación de la zona sur de CABA. Se procuró que en el análisis de los sistemas de salud cobren relevancia los saberes, discursos y prácticas de los sujetos en las formas de atención que utilizan para solucionar sus problemas (Menéndez, 2010).

A partir de narrativas producidas por las técnicas empleadas en campo, como la observación participante y la entrevista semiestructurada, se analizaron las características de los servicios de atención de salud mental de 28 usuarios que habían atravesado por situaciones de internaciones (actuales o anteriores).

Estrategias en atención de la salud, hábitat, trabajo y redes

Los procesos de externación y/o inclusión social de personas con padecimiento mental deben ser acompañados de estrategias de rehabilitación y atención, mediante una red de servicios con base en la comunidad, que promuevan la consolidación de un proyecto de vida autónomo mediante el acceso a derechos como la salud, la vivienda, el trabajo y la participación en intercambios sociales y culturales. Estas características contribuyen a consolidar dispositivos sustitutivos a lógicas asilares que posibiliten el logro de una inclusión social real. Por ello, el análisis de los sentidos y significados que los usuarios otorgaron a los servicios y las prácticas en salud mental se realizó considerando cuatro ejes de análisis: atención de la salud, propuestas habitacionales, inclusión/exclusión laboral y prácticas socioculturales.

Con el objeto de profundizar la reflexión respecto de las implicancias que tiene la situación de internación en relación con las posibilidades de externación e inclusión social, se efectuó una comparación entre dos grupos de la muestra (n=28): uno de ellos conformado por 16 usuarios con situaciones de internación (actuales o anteriores) mayores al año, y otro de 12 usuarios con situaciones de internación menores al año (ver Fig. 1).

**Figura 1. Tiempos de internación y situación actual.
Muestra de 28 usuarios. CABA, 2014**

12 Usuarios/as con internaciones menores al año, realizando tratamiento ambulatorio.

16 Usuarios/as con internaciones mayores al año.

10 usuarios/as actualmente internados

06 usuarios/as realizando tratamiento ambulatorio.

Atención de la salud

Desde el marco normativo vigente, los servicios de salud mental deben asumir, en territorio, una atención integral, ofreciendo posibilidades de internación (como último recurso terapéutico), atención ambulatoria y estrategias de rehabilitación e inclusión social. La estructura flexible de dichos servicios favorece el intercambio y vinculación entre los trabajadores de la salud con los usuarios, familiares y otros actores sociales de la comunidad, ampliando los recursos existentes para la atención (Amarante, 2009). Por ello, la articulación y coordinación en forma de red posibilita desarrollar estrategias de externación para personas con periodos prolongados de internación (procurando mejorar la calidad de vida y disminuir las secuelas de la internación), y previene recorridos de atención que lleven a la cronificación en personas con vulnerabilidad y riesgo de exclusión (Cohen y Natella, 2013).

Para el grupo de usuarios con *situaciones de internación prolongada* (n=16), los servicios de salud utilizados para la atención de su salud (consultorios externos de hospitales monovalentes, hospital de día y hospital de noche) fueron considerados como espacios que favorecían la recuperación, valorando la atención brindada. La propia participación se relacionó principalmente con la decisión de realizar el tratamiento. Se destacó el sector público por sobre el privado y se pusieron de manifiesto prácticas sanitarias disciplinares sufridas en años anteriores.

> *[el tratamiento es] muy bueno. Yo llegué en un estado calamitoso. Le había pedido que me cambie la medicación al médico de la obra social. Yo le pedí a mi mamá que me lleve al Moyano "esta gente es la única que me va a sacar adelante, aunque me internen". Ahí me curaron, me sirvió muchísimo, la obra social estaba lucrando con mi salud* (Mujer, 45 años).

> *[el tratamiento es] lo mejor, excelente. En ese servicio hay una muy buena atención. Todos están conformes, uno recibe un trato humanitario (...) en la primera internación en el hospital en el 94, fui de mala manera con los enfermeros y me ataron con el chaleco de fuerza* (Varón, 63 años).

Dentro del grupo de los usuarios con situaciones de internación prolongada, las 10 personas que continuaban internadas al momento de realizar el relevamiento mencionaron déficits en cuanto a la cantidad de profesionales, a las condiciones de internación y la utilización de la medicación como medio de control.

> *Regulares del servicio de internación, no es como otros servicios que hay contención* (Varón, 48 años).

> *Dentro de lo que hay es regular, porque no tengo atención psiquiátrica. Estoy tomando la medicación desde que entré, cuando me mandé una cagada me inyectaron halopidol y después pedí que me lo sacaran, pero después hablar con el médico...* (Varón, 52 años).

Para estas personas la internación en hospitales monovalentes se consolidaba como un aspecto inherente al proceso de atención. La planificación de procesos de externación encontraba restricciones en "problemáticas sociales" (falta de vivienda, dinero, trabajo).

> *Bueno, nunca me dijeron nada en estos cinco años, antes entraba y salía, era una época en la que salían todos, después volví a caer y dije esta vez me voy a quedar* (Varón, 47 años).

> *Me lo propusieron [la externación], me dijeron que no me iban a dejar sin trabajo, dinero o lugar para dormir. Lo hablamos con el médico adelante del juez, que me quería dar el alta y, frente a la falta de DNI, dinero, habitación, se planteó continuar con la internación* (Varón, 31 años).

> *Se piensa para cuando termine la piecita mi hija, que me está haciendo para vivir en Munro, ahí me dan el alta* (Mujer, 61 años).

Respecto al grupo de los usuarios con *situaciones de internación breve* (n=12), el tratamiento realizado en servicios de salud mental (consultorios externos de hospital general, hospital de noche, hospital de día) consistía principalmente en atención psicológica y psiquiátrica y era realizado en continuidad con las situaciones de internación previas. Dichos servicios, considerados como lugares de cuidado y contención, adquirían una relevancia central para el sostenimiento de la externación y la posibilidad de desarrollar diversos proyectos. Sin embargo, la insistencia de prácticas disciplinares dificultaba el desarrollo de decisiones autónomas.

En Julio me dieron el alta, para ellos estaba desde antes. [En hospital de noche] se hace mucho hincapié en el alta, yo no me siento de alta del Hospital (...) me sorprendió mucho más de lo que podía esperar el hospital, si bien no estaba en mi agenda, para nada, por el desarrollo de lo que fue mi vida (...) (Varón, 64 años).

Yo el hospital de día no lo dejo ni loco, yo sé que es un lugar de paso, pero... yo hace 9 años que voy, pero el tema que hace bien e influye en el tema de las recaídas (...) lo quiero como mi segunda casa, como decimos una gran familia, con el grupo de pacientes, con los profesionales también armamos un buen grupo (Varón, 45 años).

Un usuario marcó situaciones de control a partir de la medicación:

En muchos casos se pasan con la medicación y se sobremedica. Cuesta muchísimo lograr que te bajen las dosis. Estando en casa de medio camino he visto que sos más dócil estando sobremedicado (Varón, 37 años).

Propuestas habitacionales

Las situaciones de internación que se prolongan en el tiempo en hospitales monovalentes, junto con los procesos de vulnerabilidad social, condicionan las posibilidades de acceso a la vivienda de las personas con padecimiento mental. En el modelo comunitario de atención, distintas propuestas tienen por objetivo resolver la situación habitacional como parte del proceso de rehabilitación (Amarante, 2009; Cohen y Natella, 2013). No se reducen solamente al acceso a la vivienda, sino que incluyen diferentes prácticas de inserción, considerando los requerimientos, las habilidades y las capacidades que son necesarias para el sostenimiento del hábitat (Sarraceno, 2003).

Las propuestas habitacionales mencionadas por los usuarios con *situaciones de internación prolongada* (n=16) fueron las casas de medio camino y el subsidio habitacional.

Si bien algunos consideraron dichas propuestas como alternativa a la internación, favoreciendo la incorporación de habilidades sociales relativas al hábitat, las pautas y requerimientos institucionales, así como la convivencia con otros, se constituían como restricciones para proyectar una participación en éstas. Esto marcaba diferencias entre las distintas propuestas.

> *Están buenas, porque a veces se prolongan mucho los tratamientos acá adentro, entonces que haya espacios donde poder albergarse le va a servir mucho* (Mujer, 45 años).

> *Escuché de las casas de medio camino y el subsidio habitacional (...) Las casas de medio camino no me convence mucho, porque no sé si hay que compartir con otros pacientes. Yo nunca probé, pero no me sentiría muy cómodo. El subsidio sí podría ser, para alquilar algo* (Varón, 40 años).

Figura 2. Situación de vivienda según tiempo de internación. Muestra de 28 usuarios. CABA, 2014

10 usuarios con internación (actual) mayor al año.	06 usuarios con situación de internación (anterior) mayor al año.	12 usuarios con situación de internación (anterior) menor al año.
06 poseían vivienda, pero no podían regresar a ella	04 residían en vivienda familiar	03 residían en vivienda familiar
03 no poseían vivienda	01 residía en Hospital de Noche (no poseía vivienda)	05 residían en propuestas habitacionales (3 poseían vivienda y no podían regresar; 2 no poseían vivienda)
01 poseía vivienda	01 residía en una vivienda propia	01 residía en una vivienda propia
		03 residían en viviendas alquiladas

Al momento de realizar el relevamiento, de las 16 personas que habían atravesado periodos de internación prolongados, 10 no poseían vivienda o no podían regresar a ella, encontrándose internados o residiendo en hospital de noche (ver Fig. 2). Para ellos, el carácter incierto de estos dispositivos reforzaba la opción del espacio hospitalario como lugar donde residir, situación que era convalidada por profesionales.

> *Me vino a ver la jueza y me dijo: "si querés te llevo, te pasamos allá"; "pero acá [en el hospital] estoy bien con el médico, por ahora acá estoy mejor que en medio camino"; "¿pero vos estás tranquilo ahí...? [pregunto ella]"; "sí, estoy tranquilo..."; "bueno, entonces quedate ahí"* (Varón, 47 años).

> *Conozco eso. Lo cobré una vez [al subsidio habitacional] y lo hice hacer de baja porque recaí. También conozco casa de medio camino (...) hay gente que quiere seguir viviendo en el Hospital y otra que quiere salir y sé que hay más riesgo afuera que adentro. Estaría bueno que hospital de noche sea como una vivienda, algo así* (Varón, 30 años).

Para los usuarios con *internaciones breves* (n= 12), las propuestas habitacionales adquirirían características que favorecían la recuperación y que se contraponían al aislamiento de la internación, pero su utilización se imaginaba principalmente en situaciones de crisis o descompensación, así como frente a la presencia de problemas económicos.

> *Es bueno para que el paciente se reinserte en la sociedad. Que pueda vivir por su cuenta y no quede aislado u hospitalizado* (Varón, 42 años).

> *Yo estoy viviendo prácticamente bárbaro (...) eso es de último recurso, si llegara a pasar algo, por ejemplo, un descontrol con los medicamentos los dejara de tomar o tuviera una recaída* (Varón, 45 años).

Está buena la idea porque para gente que no puede pagar un lugar... yo pregunté, no casa de medio camino, pero sí algo más barato, para poder pagarlo yo, pero no encontré (Mujer, 36 años).

Las dificultades en el cumplimiento de plazos y de implementación de estas propuestas marcaban contradicciones y producían sentimientos de incertidumbre. Para los 05 usuarios que residían en dispositivos habitacionales de CABA (ver Fig. 2) —hogar para personas con discapacidad, residencia protegida, hospital de noche y casa de medio camino—, los tiempos de permanencia se imaginaban acotados para la continuidad de proyectos, poniendo en cuestión la consolidación del acceso a la vivienda en tanto derecho.

Me contaron que hay problemas [con el subsidio habitacional], porque se retrasan en el pago y la gente que alquila no espera, te sacan todo a la calle. Lo veo mal, está muy difícil construir la vivienda propia (Varón, 48 años).

Por ejemplo, en residencia [protegida] son dos años que voy a poder vivir, no sé si no consigo vivienda si voy a poder permanecer ahí (Mujer, 39 años).

Casa de medio camino es bueno. Es como una casa, limpiamos nosotros, cocinamos (...) me va a servir el día de mañana, cuando salga afuera, para mí. En abril o más, me iría, pero van a esperar hasta que consiga trabajo; "sin trabajo no te vas a ir", me dijeron (Varón, 29 años).

Inclusión/exclusión laboral

El derecho al trabajo se constituye en estrategia de ciudadanía y emancipación social, así reemplaza la noción de actividad terapéutica en contextos de internación y favorece procesos de autonomía e inclusión social de las personas con padecimiento mental (Amarante, 2009). Distintas propuestas como las empresas sociales, el empleo con apoyo, las cooperativas de trabajo y la formación profesional propician el acceso al trabajo, respetando su carácter de actividad social atravesada por las normativas vigentes en el mercado (Rotelli y equipo, 2000).

En los dos grupos de los usuarios considerados en el presente estudio (n=28), los requisitos como las competencias laborales, la formación profesional o la edad, y también la presencia de discriminación por cuestiones relacionadas con el padecimiento mental, marcaban la exclusión del mercado laboral y reforzaban la participación en servicios laborales o de rehabilitación en salud mental.

Para los usuarios con *situaciones de internación prolongada* (n=16), la participación en servicios de rehabilitación e inclusión laboral (talleres de rehabilitación, emprendimientos productivos y centro de formación profesional) permitía la realización de una actividad productiva que generaba un ingreso económico. Fueron descriptos como lugares de contención, estabilización y armado de vínculos que favorecían procesos de recuperación a partir del hacer. La derivación a dichas propuestas se producía generalmente por parte de los profesionales de las salas de internación.

[Ingresé al emprendimiento] porque unas psicólogas, psiquiatras, me fueron a ver de parte de una abogada que tengo yo y me preguntaron por la posibilidad de entrar acá, para hacer algo, porque allá en el Hospital no hacía nada (Varón, 40 años).

Siento que a veces me sentía inútil, tantas veces que me decían "enferma", "discapacitada" yo me sentía enferma (...) desde que estoy acá [en talleres de rehabilitación] me miran como su hermana, como una persona normal, que trabaja, que ayuda a mi mamá, que sale con el nene (Mujer, 35 años).

[el emprendimiento] Es una ayuda que tenés, no es mucho dinero, pero si aprendés el oficio y juntás plata te comprás la máquina y lo hacés, un negocio propio es otro ingreso (Varón, 41 años).

Sin embargo, al no generarse las condiciones que favorezcan la concreción de otros proyectos, se reforzaba la necesidad de permanecer en estos servicios:

> *Me gustaría tener el alta [de talleres de rehabilitación] para tener algo más productivo, si no me gustaría seguir acá* (Varón, 29 años).

> *Da más ganas de vivir y no pensar tanto en mi enfermedad. Porque si uno no trabaja, en el Hospital está encerrado, piensa que ya no sirve, que ya no tiene interés nada (...) creo que dos años es lo que dan rehabilitación, no tengo plan para después* (Mujer, 61 años).

Para el grupo de los usuarios con *situaciones de internación breve* (n=12), los servicios de rehabilitación e inclusión laboral (centro de formación profesional, emprendimientos productivos, talleres de rehabilitación), a partir de la propia participación, se constituían como espacios terapéuticos y de socialización que además posibilitaban una ayuda económica. Algunos de los usuarios mencionaron también la posibilidad de realizar otras actividades productivas remuneradas (reparaciones, trámites, etc.) en contextos comunitarios o familiares. Sin embargo, para la mayoría, al no presentarse alternativas en otros espacios de inserción laboral, surgía la necesidad de permanencia en los servicios de rehabilitación.

> *Participé en un emprendimiento productivo, en talleres de rehabilitación, sirve para la atención, para tener un poco más de autonomía, para tener conocimiento (de carpintería, pintura), tengo idea de cómo son esos oficios (...) tengo conocimiento, pero se dificulta encontrar trabajo por estar en tratamiento* (Varón, 37 años).

> *Yo sé que me va a tocar irme, pero no me gustaría irme de talleres, porque no sé dónde conseguiría un trabajo, está muy difícil conseguir, todavía me gustaría quedarme acá* (Mujer, 39 años).

En este contexto, los beneficios de la seguridad social por discapacidad fueron pensados, por unos, como soporte, favoreciendo procesos de continuidad entre rehabilitación e inserción y, por otros, como límite, en tanto dificultaban otras formas de inclusión laboral.

Pienso que es robarle plata al Estado, a mí con la jubilación me alcanza (Varón, 63 años).

Podés agregar que estaría bueno el proyecto que la gente llega un momento que está bien y quiere trabajar en blanco, pero se dificulta por la pensión y si a uno no le alcanza, y está obligado a trabajar en negro. Estaría bueno que una vez que uno esté en blanco, efectivo, ahí saquen la pensión (Mujer, 36 años).

Prácticas socioculturales

La dimensión sociocultural incluye prácticas, espacios de producción cultural y artística y campañas de concientización, cuyo objetivo es promover relaciones de reciprocidad y solidaridad entre diversos actores sociales (usuarios, familiares, profesionales y voluntarios) para contribuir a la modificación de los imaginarios sobre el padecimiento mental (Amarante, 2009). En este sentido, la participación en actividades recreativas y culturales, ya sea promovida desde los equipos de salud o realizada desde la propia iniciativa de los usuarios, contribuye a la integración social de las personas con padecimiento mental.

Para el total de la muestra (n=28) se planteó la posibilidad de realizar diversas actividades tanto grupales como individuales, destacándose las salidas propuestas desde los servicios donde se atendían. Dichas salidas, junto con la participación en distintos espacios socioculturales contribuían a la consolidación de lazos e intercambios sociales.

Para los usuarios con *situaciones de internación prolongada* (n=16), estas prácticas posibilitaban estrategias para afrontar aspectos que en ocasiones se presentaban como limitaciones para realizar proyectos personales o de interacción con otros:

> *Me gustaría hacer fotografía. A veces estar ansioso te enferma, si tenés la misma rutina te va agarrando vagancia, te agarra el ocio y ya no querés nada, trabajar, nada* (Mujer, 35 años).

> *Voy al cine, también me quedé a dormir en casa de amigos (...) de a poco me gustaría ir sumando cosas, todavía no lo hacemos, sí fuimos al pool, o pubs, al cine, pero tenemos que ir programando salir a la noche* (Varón, 29 años).

La persistencia de la situación de internación para algunos conllevaba restricciones en la posibilidad de las salidas. Por ello, las actividades socioculturales se concretaban principalmente en el espacio de la hospitalización.

> *Me voy a la casa de mi hermana, mi amiga, voy a visitarlas. Cuando estoy libre, ahora no (...) me voy a la iglesia evangélica, adentro del hospital* (Mujer, 61 años).

> *No salgo mucho. Me quedo más casero. Participo los domingos en "Locos por el Borda", es un lugar donde vienen chicas, regalan ropa, hacen pizza* (Varón, 41 años).

Dentro del grupo de los usuarios con *situaciones de internación breve* (n=12), los intereses personales motivaban la elección de diversas actividades socioculturales, aunque se mencionaron restricciones económicas y diferencias de criterios para las salidas. Cabe destacar que los beneficios de la seguridad social por discapacidad fueron considerados como un facilitador para la concreción de estas actividades e inclusive para vacacionar.

> *[Realizo salidas] a taller de literatura, a ver espectáculos (...) No es lo mismo [ir con el grupo del servicio], salidas culturales realizo sola* (Mujer, 45 años).

> *Iba al cine, pero ahora dejé de ir regularmente, realizo compras gastronómicas para cocinar en casa. Hacía muchos deportes acuáticos y no hago por la cuestión económica* (Varón, 37 años).

> *Conozco los beneficios que otorga el certificado de discapacidad por los compañeros. Viajan gratis, cobran una pensión, tienen posibilidades de entrar a espectáculos gratuitos* (Varón, 64 años).

Para algunas de estas personas la presencia de lazos sociales y vínculos afectivos favorecería la posibilidad de multiplicar intercambios sociales y evitar rutinas:

> *[Salgo] a comer con mi pareja, por ahí voy al cine a Congreso, con mi mamá (...) por ahí empiezo a ir [al teatro] los sábados, con el grupo de alta del Hospital de día, con dos psicólogos. Es bueno para socializar, hablar y salir de siempre lo mismo* (Mujer, 36 años).

Insistencias de lo tutelar y desafíos pendientes

Los marcos normativos y la planificación de políticas públicas en salud mental ponen de manifiesto la importancia de que las personas con padecimiento mental y sus familiares adquieran mayor participación. De acuerdo con el modelo social de la discapacidad, la concepción de capacidad jurídica implica la titularidad de derechos y la capacidad para ejercerlos (Kraut y Diana, 2013).

Algunos referentes (Faraone y Valero, 2013) resaltan que experiencias de desinstitucionalización que no son acompañadas por la consolidación de la red de servicios, junto con la transformación de las prácticas, derivan en la creación de nuevas formas de control social que reproducen lógicas disciplinares. En los resultados del presente estudio observamos un momento de transición en el cual coexisten aspectos referidos al paradigma asilar y de restricción de derechos junto con propuestas acordes con el paradigma de derechos humanos e inclusión social.

En los ejes analizados se pusieron de manifiesto distintas acciones que indicaban la persistencia de prácticas disciplinares junto con aspectos que favorecerían rupturas y posibilidades de producción de subjetividad autónoma. Si bien los usuarios conocían y participaban de diversos servicios, la posibilidad de toma de decisiones sobre el propio tratamiento se veía reducida a opciones que no marcaban una continuidad hacia propuestas superadoras que garanticen la inclusión social.

En los usuarios que estaban atravesando o habían transitado periodos prolongados de internación, el espacio de la hospitalización poseía una centralidad para la vida que incluía la posibilidad de intercambios y participación en espacios socioculturales. Los servicios adquirían características tutelares que reproducían lógicas heterónomas y dificultaban la planificación de proyectos, intereses y necesidades que viabilizaran procesos de externación y/o inclusión autónomos. Para los usuarios que permanecían internados esta situación se acentuaba en tanto la internación se constituía como la principal opción de tratamiento, junto con la realización de una actividad productiva y salidas socioculturales dentro del territorio de la hospitalización.

En cuanto a los usuarios con internaciones breves, manifestaron mayores posibilidades de participación y toma de decisiones, fundamentalmente respecto de las actividades socioculturales, pero también de una mayor posibilidad de inclusión laboral a partir de vínculos sociales o familiares. La atención de la salud era realizada principalmente por consultorios externos en hospitales generales como apoyatura de los procesos de externación, esta característica interpela que dichos tratamientos deban realizarse únicamente en los hospitales monovalentes.

Según lo expresado por ambos grupos, los servicios de rehabilitación e inclusión laboral no contribuían al acceso a un trabajo formal, ni a la superación de dificultades en la consolidación de emprendimientos propios. Sin embargo, esos servicios, al constituirse como espacios de contención que favorecían la recuperación y aportaban una retribución económica, reforzaban la tendencia a permanecer en ellos. En este contexto, la lógica de los beneficios de seguridad social para la discapacidad actuaba como un techo en la inserción e impedía nuevos recorridos de integración social. Las políticas públicas se encuentran en este punto con el desafío de impulsar y consolidar propuestas como las experiencias de economía social y solidaria con base comunitaria (cooperativas de trabajo y emprendimientos sociales) que garanticen el acceso al trabajo con una justa remuneración.

Como reflexiones finales, puede plantearse que, al no existir oportunidades reales de inclusión, superadoras de la oferta que brindan los servicios de rehabilitación, los usuarios ven negada la continuidad entre los procesos de recuperación y la adquisición de mayor autonomía. Este obstáculo impide a los sujetos imaginarse por fuera de esos espacios, que se perpetúan como única opción, e imposibilitan la emergencia de escenarios novedosos que se constituyan como dispositivos inclusivos singulares.

Los ejes analizados dan cuenta de perspectivas y posibilidades en tensión donde los usuarios se apropian en forma desigual de los recursos que siguen impregnados por lógicas tutelares. En este sentido la importancia de internaciones breves y la atención centrada en la comunidad, que disminuyen estas pregnancias tutelares, exigen el fortalecimiento e implementación de políticas públicas que consoliden el modelo comunitario de atención en salud mental.

5

Prácticas inclusivas socio-habitacionales[1]

Programa Residencial en Salud Mental, Hospital José T. Borda

ANA TISERA Y JOSÉ LOHIGORRY

El presente capítulo introduce el proceso de planificación de un Programa Residencial en Salud Mental como dispositivo con orientación comunitaria. Para el desarrollo de la propuesta se consideraron resultados de investigaciones realizadas en el marco del proyecto UBACyT "Exigibilidad del derecho a la salud: practicas instituyentes y dispositivos psicosociales en la zona sur de la CABA", dirigido por la Prof. Graciela Zaldúa, además del relevamiento bibliográfico de propuestas y experiencias de reforma en salud mental. Pensado como dispositivo en salud mental, el objetivo del Programa Residencial es promover la inclusión socio-habitacional y procurar orientar la intervención para contribuir a consolidar la continuidad de cuidados y el sostenimiento de la externación. Por ello, se plantea un trabajo interdisciplinario e intersectorial articulado con otros

---

[1] Para una versión más amplia de este artículo, ver Tisera, A.; Lohigorry, J.; Siedl, A.; Paolin, C.; Pelosi, D.; Gonzalez, M. y Bruno, M. (2017). "Prácticas inclusivas socio-habitacionales: Programa Residencial del Hospital Borda". *Memorias XXIV Jornadas de Investigación de la Facultad de Psicología* (4), pp. 262-266.

servicios y efectores, pues incluir servicios y profesionales de la salud mental, así como actores sociales y dispositivos de otras áreas (Trabajo, Desarrollo Social, etc.), promueve la integración social y el armado de redes de cuidado de las personas con padecimiento mental.

Antecedentes de dispositivos habitacionales en salud mental

En distintas experiencias internacionales y nacionales de desinstitucionalización, junto a la acción de desmontaje manicomial, se propuso la creación de servicios y de dispositivos sustitutivos que posibilitaran la integralidad del cuidado de la salud mental. Así, las estrategias e intervenciones en las áreas laboral, habitacional y sociocultural son aspectos claves en el proceso de transición entre un paradigma asilar-tutelar y un paradigma de derechos humanos. Desde esta propuesta, los dispositivos comunitarios e integrales favorecen procesos de externación e inclusión social de aquellas personas en situación de vulnerabilidad psicosocial.

En los procesos de reforma, la propuesta de rehabilitación e integración social implicaba que aquellas personas que se encontraban internadas pudieran recuperar su posibilidad de habitar la ciudad. Un primer paso para ello es su alojamiento en residencias o casas de salud mental. Por ejemplo, en Trieste (Italia) se habilitaron en centros de salud mental, y también en pisos ciudadanos, generalmente de a cuatro, hasta un máximo de ocho convivientes (Dell Acqua, 2012). Con base en ello, en Leganés (Madrid, España) se promovió una secuencia de pisos "de transición" (o de entrenamiento en habilidades domésticas), protegidos (con asistencia médica, y asistencia ocupacional y social) y "normalizados" (para los usuarios socialmente más integrados). Este modelo basado en el seguimiento y en la continuidad de cuidados llevó a una modificación en el perfil de los residentes: de una población inicial de personas con largos periodos de institucionalización y situaciones relativamente homogéneas, se pasó a un abanico más amplio que combinaba personas con diferentes niveles de autonomía, diversas problemáticas familiares, y distintos padecimientos de salud mental (Desviat, 1994; Siedl, 2008).

En Argentina, con el retorno de la democracia, la propuesta de reforma y desmanicomialización en la provincia de Río Negro llevó al cierre del hospital monovalente y a la promoción y el desarrollo de recursos comunitarios, que favorecieron la implementación del sistema comunitario de atención en salud mental. Allí se desarrollaron, desde el área de salud mental, dispositivos y estructuras para la vivienda: casas de medio camino, hogares de tránsito y residencias para personas declaradas inimputables (Cohen y Natella, 2013).

Se han propuesto iniciativas residenciales similares en varias provincias, por ejemplo, en Córdoba, Chaco y Buenos Aires. En esta última el Programa de Externación Asistida (PREA) del Hospital Estévez, Temperley, funciona desde 1999 alojando usuarias en viviendas alquiladas por el Ministerio de Salud a partir de una política de reconversión de recursos. También el Hospital Cabred de Luján tiene un programa convivencial con una veintena de casas donde conviven de 2 a 5 personas que, al igual que en el caso anterior, deben asistir a talleres de diferente índole (de formación y recreación) y a asambleas de convivencia. Finalmente, en la Ciudad de Buenos Aires, a partir de políticas públicas orientadas a una progresiva desinstitucionalización se crearon casas de medio camino y residencias protegidas para favorecer procesos de externación (Casa Gorriti, Casa Goyena, Warnes y Casa de Medio Camino del Poder Judicial).

Propuesta del Programa Residencial

Las políticas públicas, que varían entre ser inclusivas, garantes de derechos, o neoliberales, mercantilizantes, y los programas sociales concomitantes se encuentran en el terreno con actores sociales que trabajan en instituciones creando espacios variados y diferentes entre sí. La noción de dispositivo permite pensar la heterogeneidad de estas prácticas, por ejemplo, cómo se constituye un espacio nuevo, en este caso un programa residencial, que difiere de otras propuestas, incluso dentro de un modelo macropolítico de corte liberal. Paulo Amarante (2009) propone, siguiendo a Rotelli, pensar las estrategias transformadoras en el campo de la salud mental como un proceso complejo con distintas dimensiones, tales como la jurídico-política, la teórico-conceptual, la asistencial y la sociocultural.

A partir de considerar los antecedentes y las propuestas de modelos de dispositivos habitacionales, y desde la perspectiva de derechos contemplada en el marco normativo vigente, se planificó dentro del espacio del Hospital Borda un Programa Residencial en Salud Mental para personas en situación de alta interdisciplinaria, contemplando la importancia del desarrollo de acciones que promuevan la integración social y la continuidad de cuidados en el entramado de dispositivos comunitarios existentes.

Dicho programa residencial procura constituirse en el campo de la salud mental como un dispositivo de inclusión socio-habitacional que sea complementario de la atención en salud (tratamiento y rehabilitación) y que promueva sujetos activos en el reconocimiento de sus derechos y en su capacidad real de ejercerlos con el mayor grado de autonomía posible.

Inclusión social-habitacional: los objetivos del Programa Residencial

En los últimos años, a partir de la implementación de distintas prácticas y de nuevas normativas en salud mental, se ha ido modificando la dinámica de las internaciones en instituciones monovalentes de salud mental. De una totalidad que permanecía internada durante décadas, se pasó a un porcentaje de personas que luego de unos pocos meses podían continuar tratamientos ambulatorios. Persistiendo, sin embargo, como obstáculos para lograr procesos de externación, el acceso a derechos como la vivienda y el trabajo, además del acceso a una atención integral de la salud.

Respecto de la situación habitacional, en el modelo comunitario de atención, se plantean distintas estrategias que tienen por objetivo la inclusión socio-habitacional. Éstas no se reducen solamente al acceso a la vivienda, sino que incluyen prácticas e intervenciones referentes a las habilidades y las capacidades que son necesarias para el sostenimiento de un hogar (Sarraceno, 2003).

El Programa Residencial, a partir de considerar estas perspectivas, planteó como objetivo "Promover la inclusión socio-habitacional y la continuidad de cuidados en personas con padecimiento mental que se encuentren en situación de alta interdisciplinaria". Con este fin, se plantea una intervención que al tiempo que articula con diferentes propuestas habitacionales, de forma tal que el usuario/residente pueda lograr un domicilio propio, va trabajando respecto de las actividades de la vida diaria y las capacidades sociales relativas al habitar.

Abordaje interdisciplinario e intersectorial: articulación con efectores sanitarios y sociales

En la población destinataria del Programa Residencial, la atención de la salud y el tratamiento posible no finalizan con la remisión del estado de riesgo cierto o inminente que motivó la internación. Enmarcado en las normativas vigentes, el Programa Residencial se sostiene en un abordaje intersectorial e interdisciplinario a través del cual se intenta responder a necesidades complejas. Las perspectivas de salud mental, presentes en la normativa, se sustentan en su carácter inescindible de la salud integral. Esto implica que las políticas en salud mental deben incluir la articulación con los programas y efectores desarrollados por el Ministerio de Trabajo, Desarrollo Social, Salud, entre otros, para lograr la integración social de las personas con padecimiento mental. En este sentido, el marco legal se sostiene en las normativas internacionales que, desde la Declaración de Caracas (1990) hasta el Consenso de Panamá (2010), han problematizado las lógicas de atención hospitalocéntricas, apuntando a una desinstitucionalización progresiva.

El Programa Residencial se funda en una lógica de rehabilitación psicosocial y de continuidad de cuidados, planteando una coordinación de distintos espacios en una red asistencial (Sarraceno, 2003). La perspectiva rehabilitadora ubica desde la singularidad de cada persona, los aspectos que deben trabajarse, ya sea que se trate de potenciar la autonomía que los efectos de la institución total reducen o la posibilidad de restablecimiento de lazos sociales y familiares, que permitan el sostenimiento de la externación y la vida ciudadana. Esto debe realizarse incluyendo las problemáticas habitacionales: la recuperación de una vivienda, su obtención, la posibilidad de su mantenimiento, el trabajo con el grupo conviviente, etc.

El funcionamiento del Programa Residencial propone así contemplar distintos momentos, en cada uno de los cuales se fundamenta la importancia de un abordaje interdisciplinario, ya que esto posibilita prestaciones de tratamiento, rehabilitación, cuidados y apoyo comunitario más adecuadas a la problemática en cuestión y a su momento vital (Rubio y Escudero, 2006).

En tanto el modo de entender la salud y con ella la salud mental fue variando históricamente, las respuestas que desde la red pueden brindarse implican una construcción dinámica constante en continuo fluir e incluyen la participación social tal como lo demanda la Convención sobre los Derechos de las Personas con Discapacidad (2008).

Luego de la indicación y derivación al programa por parte de servicios de la red de salud mental, desde las preadmisiones, el trabajo del equipo del Programa Residencial se plantea en articulación con el equipo tratante, que incluye médico psiquiatra, psicólogo, trabajador social, profesionales del programa de rehabilitación psicosocial interviniente, entre otros actores posibles, de modo de poder diseñar un proyecto individual que se ajuste a la singularidad del caso. Se consideran aquí las distintas propuestas habitacionales, junto con los recursos de la seguridad social y del sector de salud mental, que posibiliten la externación y su sostenimiento. Es así como entre los criterios de admisión, además de que la persona se encuentre en situación de alta, se plantea que acepte la propuesta del Programa Residencial y esté integrado en propuestas de rehabilitación (Programa de Externación Asistida, Talleres de Rehabilitación en Salud Mental, emprendimientos productivos en salud mental, etc., dependientes de Salud Mental o Desarrollo Social de CABA).

Una vez consensuado el proyecto individual se decide la inclusión en una propuesta de mayor nivel de apoyo (Servicio de Hospital de Noche) o de menor nivel de apoyo (Servicio de Casa de Medio Camino), y se firma un consentimiento informado que establece los objetivos y las actividades a realizar.

Participación del sujeto en su tratamiento: el consentimiento informado

En las investigaciones reseñadas previamente se observó que los usuarios, en su mayoría, no contaban con información y conocimiento de las características de los dispositivos habitacionales. En este sentido, se considera importante retomar los cambios normativos que reconocen la capacidad jurídica de los usuarios y la posibilidad de participar en la toma de decisiones.

La Ley Nacional de Salud Mental N° 26.657 reconoce a la persona con padecimiento mental como un sujeto con derechos que puede tomar, de acuerdo con sus capacidades, decisiones relativas al tratamiento. En su art. 10 establece que rige el consentimiento informado para todas las intervenciones. De esta manera, es importante destacar la Convención Internacional sobre los Derechos de las Personas con Discapacidad. Esta parte de la centralidad de la capacidad jurídica y su posibilidad de ejercerla, incluyendo la alternativa de toma de decisiones con apoyo o con asistencia, de ser necesario.

Al momento de planificar el Programa Residencial se consideró de fundamental importancia poder trabajar con los usuarios de forma participativa las características de la propuesta y sus implicancias. Por ello, se realizaron asambleas y grupos de reflexión, en los cuales se proporcionó información y se promovieron intercambios cuyo resultado fue la confección de un Consentimiento Informado. Éste incluyó: los objetivos del Programa Residencial y los criterios de admisión y permanencia; las pautas de convivencia y utilización del espacio común (uso y cuidado de las instalaciones), y la estructura y régimen de actividades dentro del programa residencial que serán de carácter colectivo y convivencial. Se decidió también que dicho documento llevaría la firma del usuario, junto con un referente de la comunidad, que acompañase así el proceso de integración social.

De esta forma, como sostiene Iglesias (2015), el consentimiento informado, de acuerdo con la legislación vigente, se constituye como un proceso con base en la autonomía de la persona y cumple la función de brindar información para que en ejercicio de su capacidad jurídica manifieste su voluntad, dando lugar a la toma de decisiones respecto de la atención de su salud.

Perspectiva de rehabilitación y recuperación en el Programa Residencial

Entendemos la rehabilitación y la recuperación como conceptos dinámicos, como procesos continuos y no como resultados o productos finales, estáticos. En esta línea, el objetivo que se persigue desde el proceso rehabilitador no tiene que ver con la vuelta de la persona a los puntos de funcionamiento previos a situaciones de crisis, como sucede en los procesos médicos, sino con la adquisición de herramientas que posibiliten el avance y la construcción de espacios vitales nuevos, como la autonomía personal, principalmente.

Desde una concepción comunitaria e integral de la salud mental, los procesos rehabilitadores deben tener en cuenta la recuperación tanto psicológica como social y biológica de las personas en un sentido pleno, promoviendo su participación e integración activas en su contexto social. Por este motivo, en el Programa Residencial se aborda interdisciplinaria e integralmente la singularidad de cada usuario, a fin de hacer foco en todos los aspectos que atraviesan su rehabilitación.

Las actividades e intervenciones desarrolladas en el Programa Residencial variarán de acuerdo con el dispositivo y la persona. Como carácter general se busca fomentar la autonomía y la implicación en las actividades. Asimismo, se trabajan pautas de cuidado y autocuidado (prevención de recaídas, continuidad de cuidados, toma de medicación, etc.) y se promueven los intercambios sociales y la posibilidad de participar de espacios socioculturales. Dichas actividades se realizan junto con los usuarios a partir de entrevistas, grupos de reflexión, asambleas de convivencia y de organización de las actividades de la vida diaria, salidas socioculturales, etc.

La propuesta del proyecto individual se fundamenta en la importancia de utilizar como brújula del proceso de recuperación las particularidades biográficas y contextuales de cada usuario, guiándose por las fortalezas y los factores de resiliencia con los que cada uno cuenta, para alcanzar la mejor salud mental y bienestar posibles. Entendiendo la rehabilitación como la posibilidad de recuperar y/o adquirir las capacidades y habilidades necesarias para vivir, relacionarse y participar plenamente en la comunidad, el proyecto individual apunta a las potencialidades del sujeto ya que, como se mencionó anteriormente, se trata de que éste logre desarrollarse en espacios vitales nuevos.

A partir del recorrido propuesto podemos reflexionar acerca de la inexistencia de un sistema coherente que explique o produzca cambios desde las leyes o las políticas gubernamentales, aunque la implementación de políticas públicas de sector sea una exigencia y una necesidad ineludible; lo que se observa es el resultado de estrategias, acontecimientos, micropolíticas, contradicciones, hibrideces y compromisos.

Un proyecto de desinstitucionalización, junto a la relevancia que adquiere la atención de la salud, debe integrar la preocupación por el acceso a la vivienda y al trabajo en tanto derechos que promueven la integración social y la participación activa en los intercambios materiales y simbólicos de la comunidad. La implementación de esta perspectiva integral de la atención en salud mental requiere que se desarrollen servicios territoriales, como el Programa Residencial aquí presentado, que se constituyan como espacios de sociabilidad, intercambio y producción de subjetividades.

Se destaca en este planteo la concepción de un sujeto activo, que participe de su recuperación mediante decisiones apoyadas en procesos colectivos que promuevan lazos solidarios.

Por último, se resalta la importancia de la articulación entre diversos servicios y efectores como Salud Mental, Trabajo y Desarrollo Social, a modo de respuesta integral para lograr fortalecer la propuesta de continuidad de cuidados.

6

Experiencias y dispositivos innovadores en el campo de la salud mental

ROXANA LONGO

En Argentina, la Ley Nacional de Salud Mental, que prohíbe la creación de nuevos manicomios y exige la atención de las personas en hospitales generales (todas las clínicas deben adecuarse antes de 2020), se sancionó en 2010. Pero mucho antes de la legislación actual fueron emergiendo diversas prácticas y dispositivos inclusivos que se oponen a paradigmas tutelares y se sostienen desde un paradigma de los derechos humanos. Se trata de espacios que promueven prácticas instituyentes y propiciadoras de autonomía y responsabilidad para el cuidado de sí y de los otros.

Entre estos dispositivos queremos rescatar el aporte de Raúl Camino, quien fue pionero en poner en funcionamiento una experiencia desmanicomializadora que se desarrolló en nuestro país en el año 1968, en Colonia Federal (Entre Ríos). Su experiencia nos invita a pensar en nuevos abordajes y modelos en el campo de la salud mental. Camino fue impulsor de las comunidades terapéuticas y de dispositivos de intervención creativos y grupales. La experiencia dependía del Ministerio de Salud Mental de la Nación, que instaba a la creación e instalación de comunidades terapéuticas en distintos lugares del país con un modelo basado en la recuperación de la dignidad de las personas perdida en los hospicios, a partir de la participación y la toma de decisiones en la vida cotidiana. Esta experiencia fue interrumpida por la dictadura cívico militar instaurada en Argentina en 1976.

A continuación, seleccionamos diversas experiencias innovadoras que, en la actualidad, además de la experiencia mencionada en los capítulos precedentes, constituyen un aporte al campo de la salud mental y los derechos humanos. Es decir, dispositivos alternativos vinculados a la autonomía y responsabilidad en la toma de decisiones, como así también a procesos de fortalecimiento comunitario.

Frente de Artistas del Borda (FAB)

El Frente de Artistas del Borda (FAB) es una experiencia que surge a fines del año 1984, con el objetivo de producir arte como herramienta de denuncia y transformación social desde personas internadas y externadas en el Hospital Borda, posibilitando, a través de diferentes formas de presentación, que las producciones artísticas generen un continuo vínculo con la sociedad. El 15 de noviembre de 1984 se realizó la primera reunión en el teatro del Hospital Borda. Alberto Sava, junto con Mónica Arredondo y Roxana D'Angelo, convocaron a unas cincuenta personas internadas con inclinaciones artísticas y les propusieron crear un grupo de artistas del Borda para, a través del arte, ayudar a transformar la realidad del hospital

En el área de salud mental, se dio un nuevo comienzo al planteo que, a nivel mundial, se venía sosteniendo desde lo que se conoció como "reforma psiquiátrica", ocupando el centro de su crítica el manicomio.

En el FAB funcionan los talleres artísticos de teatro, marionetas, música, mimo, teatro participativo, expresión corporal-danza, plástica, letras, periodismo, fotografía y circo. A ellos se les agrega uno de desmanicomialización: taller teórico donde se debate acerca de este tema considerado eje de la ideología del FAB. Cada taller funciona con un equipo de coordinación integrado por un coordinador artístico, uno psicológico y uno o más colaboradores. El coordinador artístico cumple la función de transmitir los recursos prácticos y conceptuales propios de su disciplina artística, coordina un proceso creador grupal y aporta su conocimiento de los códigos de las relaciones profesionales y humanas en su campo de acción. El coordinador psicológico trabaja no solo con los obstáculos a la tarea en cada taller, con los efectos y movilizaciones grupales que despierta una disciplina artística, sino que además optimiza las relaciones vinculares y la circulación de la palabra, posibilitando así la creación colectiva. A esta coordinación conjunta puede sumarse otro tipo de saberes que aporten su particular mirada frente a este proceso. También integran el equipo de coordinación de los talleres colaboradores, que suelen ser estudiantes de arte, de psicología, psicología social y de otras disciplinas. Los coordinadores y colaboradores en su conjunto están además supervisados mensualmente. Todos los coordinadores y colaboradores realizan la tarea *ad honorem*.

Con la necesidad de superar el aislamiento que plantea el manicomio, desde sus comienzos el FAB ha articulado con otros grupos que, a partir de luchas diferentes, han llevado adelante experiencias comunitarias muy valiosas en diversos campos sociales. Entre muchas otras, con organizaciones de derechos humanos, con el MOI (Movimiento de Ocupantes e Inquilinos), con agrupaciones estudiantiles universitarias, con movimientos artísticos y de salud mental, con organizaciones barriales de base, con equipos de educación popular, con movimientos de lucha en los manicomios, con movimientos sociales de desmanicomialización, con distintas organizaciones y dispositivos dentro del Hospital Borda, intentando en todos los casos desarrollar emprendimientos laborales, procesos cooperativos de viviendas, fortaleciendo intercambios de experiencias con alumnos y docentes universitarios para ser aplicadas en otros hospitales psiquiátricos. La experiencia del FAB cuenta con más de treinta años de trabajo colectivo y compromiso con los derechos humanos.

Fuente: *Página/12* (https://goo.gl/gY4Z7s).

El proceso de desmanicomialización en la provincia de Río Negro

Con el retorno al sistema democrático, en 1983, la provincia de Río Negro inició una profunda transformación, que planteó una nueva cultura en la atención de la salud mental, conocida en el contexto local como desmanicomialización. Incluyó el cierre del hospital psiquiátrico provincial y la sanción de la Ley 2440, el 11 de septiembre de 1991. Hasta entonces, el sistema de salud mental comprendía un hospital psiquiátrico en la ciudad de Allen –a 500 kilómetros de la capital provincial–, cuatro servicios en hospitales generales de distintas localidades y algunos pocos especialistas en dos hospitales provinciales. Las personas con trastornos mentales severos eran internadas en el hospital psiquiátrico o fuera de la provincia. El 65 por ciento de los pacientes internados en el hospital psiquiátrico era derivado desde los servicios de salud mental de los dos hospitales generales más cercanos. En 1985, por decisión del ministro de Salud provincial, se creó el Programa Provincial de Salud Mental. Se organizaron equipos móviles de intervención en crisis, en los que participaban trabajadores de los escasos servicios de salud mental de los hospitales generales, quienes ya no viajaban solo para atender sino con nuevas estrategias, como rescatar y potenciar los recursos de los trabajadores de salud y de la propia comunidad local: estos recursos eran capaces de responder a las situaciones de crisis, pero era necesario validarlos y fortalecerlos. El equipo siempre intervenía con participación de algún efector local, no en solitario como los especialistas viajeros. Así se promovía la socialización de conocimientos. Y se generó un intercambio permanente con los interlocutores locales –a los que se denominó "referentes"–, con acuerdos mutuos para responder a los problemas de salud mental.

La capacitación de los profesionales –de salud general y especialistas en salud mental– para que, al atender a las personas en crisis, propiciaran su permanencia en la comunidad, no había sido parte de la formación tradicional en salud mental. La acción fue impulsada por la idea de que la mayor parte de las personas poseen capacidades para ayudarse a sí mismas y para ayudar a otros, si se las favorece, sostiene y acompaña con información, capacitación y seguimiento, y si se generan contextos de libertad y solidaridad.

Fuente: *Página/12* (https://goo.gl/f3H4Jf).

Programa de Rehabilitación y Externación Asistida

En abril de 1999, el Ministerio de Salud de la Provincia de Buenos Aires lanzó oficialmente el Programa de Rehabilitación y Externación Asistida (PREA). Ese programa oficial es el único puesto en marcha para el campo específico de la rehabilitación en psiquiatría en el territorio bonaerense.

Se basa en el postulado de la salida del hospital de los pacientes internados, que están en condiciones de alta, pero que enfrentan dificultades sociales y económicas para afrontar una vida en comunidad.

Se trata de un "programa de externaciones asistidas para pacientes carentes de recursos" con una reestructuración de la asistencia psiquiátrica ligada a la atención primaria de la salud. La iniciativa agiliza la salida de los hospitales de aquellos pacientes que, estando en condiciones de alta, no pueden efectivizar su externación por enfrentar una situación de abandono sociofamiliar. Para lograr el objetivo se plantea la aparición de distintos dispositivos que engloban prácticas diferenciales al hospital tradicional, con actividades educativas, deportivas, de capacitación y laborales. El programa contempla además un mecanismo para solventar la instalación de pacientes en condiciones de alta en viviendas de la comunidad. Se instauran dos herramientas: la constitución de Casas de Convivencia mediante el alquiler a cargo del hospital, y el otorgamiento de subsidios a Familias Sustitutas, que puedan albergar a pacientes dados de alta. Para ello los hospitales deben afrontar las erogaciones con sus presupuestos habituales.

Tanto las residencias destinadas a Casas de Convivencia como las familias interesadas en albergar a pacientes deben cumplir con una serie de requisitos para ser habilitados, previa firma de un contrato con la autoridad hospitalaria. El Hospital "Dr. Alejandro Korn", de Melchor Romero cuenta con un programa de Casas de Convivencia desde hace seis años, en donde habitan grupos de entre 3 y 5 pacientes. Esas viviendas están ubicadas en distintos puntos del partido de La Plata, y los pacientes mantienen un contacto permanente con el hospital, por medio de actividades en talleres.

Existen diferentes tipos de talleres en el hospital: artísticos, productivos y deportivos. En el grupo de los talleres artísticos hay actividades de teatro, plástica, literarios, danzas, murga, manualidades y artesanías; en el grupo de los talleres productivos, se cuentan actividades de granja, huerta, producción de bolsas de polietileno, pañales descartables y trapos de piso; en el rubro de talleres deportivos, hay un Club de Actividades Deportivas en formación, talleres de fútbol, expresión corporal y maratón. El Programa de Rehabilitación y Externación Asistida plantea como objetivo una mayor vinculación entre la institución y la comunidad. En ese sentido,

se hace imprescindible una herramienta como el Area de Comunicación Social e Institucional, para favorecer las condiciones de aplicación de ese programa.
Fuente: sitio web esnoticia!co (https://goo.gl/ZiD3om).

EL Movimiento de Ocupantes e Inquilinos (MOI) y el Programa de Integración Comunitaria (PIC)
El PIC (Programa de Integración Comunitaria) nace como respuesta y participación dentro de las políticas de desmanicomialización llevadas adelante por otros grupos de personas y profesionales comprometidos con los derechos humanos desde adentro del Hospital Borda particularmente, como el FAB y la huerta del Borda, y MOI. Cabe destacar, rescatando la historia del MOI, que en CABA algunas cooperativas se encuentran en los barrios de Barracas, lindantes con los hospitales monovalentes Borda y Moyano. Dada esta cercanía, usuarios externados se fueron integrando a la organización, articulando esfuerzos con profesionales del Hospital Borda. Fue así que comenzó a gestarse el actualmente denominado Programa de Integración Comunitaria (PIC). El MOI surge como organización social de vivienda y hábitat a fines de la década de los 80, a partir de impulsar la organización de familias ocupantes de edificios en áreas centrales de la Ciudad de Buenos Aires. Su principal objetivo es la instalación de políticas autogestionarias de hábitat popular a través de la búsqueda de soluciones habitacionales definitivas, tomando como herramienta básica para la organización la conformación de cooperativas de vivienda por autogestión, ayuda mutua y de propiedad colectiva.
El PIC procura acompañar, en su inclusión a las distintas cooperativas de vivienda del movimiento, a personas con padecimientos mentales usuarias del siste-

ma de salud, algunas de ellas con antecedentes de largas internaciones. Este acompañamiento se realiza principalmente desde dos tipos de reuniones: se alternan, cada una con frecuencia quincenal, las asambleas de usuarios y las reuniones de coordinación. La asamblea es un espacio donde se reúnen los usuarios del programa con los coordinadores. Allí los usuarios plantean diversas situaciones, problemas y necesidades respecto de su vida cotidiana y tratamientos, para pensar conjuntamente las vías posibles de solución.

Los coordinadores del PIC son integrantes del MOI: una trabajadora social y compañeros y familiares que se acercaron al programa, por propio interés o convocados por otro compañero o por la presencia de un familiar. Las tareas son básicamente las de acompañamiento del usuario en aquellas situaciones que así lo ameriten en su inserción a la vida en los Programas de Vivienda Transitoria (PVT) de la organización, que provee viviendas temporarias hasta que finaliza la construcción de la vivienda cooperativa; también se los atiende en sus acercamientos al sistema de salud y en la viabilización de otras necesidades que requieran ayuda. Fuente: *Página/12* (https://goo.gl/Q4dBbp).

La Colifata

La Colifata es una organización no gubernamental denominada Asociación Civil "La Colifata, Salud Mental y Comunicación," que desarrolla actividades en el área de investigación y brinda servicios en salud mental utilizando los medios de comunicación para la creación de espacios en salud. Es comúnmente conocida como LT 22 Radio "La Colifata", la radio de los internos y ex internos del Hospital J. T. Borda de Buenos Aires, Argentina, y es la primera radio en el mundo en transmitir desde un neuropsiquiátrico.

Su misión es producir conocimiento en el cruce de campos de la salud mental y los medios de comunicación, y desarrollar espacios concretos de intervención para trabajar en

- la disminución del estigma social hacia personas que han sido diagnosticadas de algún padecer psíquico, con el objetivo de lograr una sociedad más tolerante e inclusiva;
- la promoción de recursos simbólicos en los usuarios de servicios de salud mental, favoreciendo procesos de creación de lazo y producción de autonomía hacia una vida social integrada, saludable, digna y en el ejercicio de sus derechos ciudadanos.

En este camino, el principal aliado es la comunidad que produce estos espacios con su participación, favoreciendo la tarea de construcción colectiva de la salud mental. Además, se romueven procesos de participación social, ya sea a nivel de sus representaciones como de sus prácticas, donde quien participa es creador, o crea sus recursos en el encuentro con otros.

Fuente: sitio web La Colifata (https://goo.gl/eTNUKX).

Referencias bibliográficas

Amarante, P. (2009). *Superar el manicomio. Salud mental y atención psicosocial*. Buenos Aires: Topía Editorial.

Argandoña Yánez, M. (2004). "Políticas de Salud Mental". Conferencia magistral de inauguración del *VIII Congreso Boliviano de Psiquiatría* realizado en Cochabamba, 9 de septiembre de 2004 (inédito).

Atlas Federal de Legislaciones en salud, consultado en mayo 2018, disponible en <http://www.legisalud.gov.ar/atlas/categorias/salud_mental.html>.

Basaglia, F. (2008). *La condena de ser loco y pobre. Alternativas al manicomio*. Buenos Aires, Argentina: Topía.

Bauman, Z. (2002). *Modernidad líquida*. México: Fondo de Cultura Económica.

Bottinelli, M. M. (2013). "Promoción y educación para la salud en los planes y políticas de Salud Mental en Argentina". Tesis de Doctorado en Salud Mental Comunitaria. UNLa. Dir. Emiliano Galende.

Bottinelli, M. M. (2016). Formación universitaria en Salud Mental. Adecuación de los planes de estudio vigentes a las Recomendaciones a las Universidades relacionadas con el artículo 33º de la Ley Nacional de Salud Mental y Adicciones Nº 26.657. Informe de investigación Amilcar Herrera, 2016 (UNLa).

Caldas de Almeida, J.M. (2005). "Logros y obstáculos en el desarrollo de políticas y servicios de salud mental en los países de América Latina y El Caribe después de la Declaración de Caracas". Conferencia dictada en la *Conferencia Regional sobre la Reforma de los servicios de Salud Mental "15 años después de la Declaración de Caracas"*, Brasilia, Brasil, 7 al 9 de noviembre de 2005, OPS/OMS-MS/Brasil.

Centro de Estudios Legales y Sociales (CELS) (2013). *Derechos Humanos en la Argentina. Informe 2013.* Buenos Aires: Siglo Veintiuno.

Cohen, H. y Natella, G. (2013). *La Desmanicomialización: crónica de la reforma del Sistema de Salud Mental en Río Negro.* Buenos Aires: Lugar Editorial.

Deleuze, G. (1990). ¿Qué es un dispositivo? En AA.VV. *Michel Foucault, filósofo.* Barcelona: Ed. Gedisa.

Dell' Acqua, P. (2012). Presentación en *Desde el manicomio hacia los servicios de salud mental en territorio.* IDEASS, Dipartimento di Salute Mentale Trieste. Recuperado de <http://www.triestesalutementale.it>.

Desviat, M (1994). *La reforma psiquiátrica.* Madrid: Ediciones Dor, SRL.

DNSMyA (2012). *Las 50 principales acciones de trabajo en 1 año y 8 meses de gestión. Hacia la construcción de un nuevo modelo nacional en Salud Mental y Adicciones.* MSAL.

DNSMyA (2013). Plan Nacional de Salud Mental y Adicciones 2013-2018. MSAL.

Faraone, S. y Valero, A. S. (coord.) (2013). *Dilemas en salud mental. Sustitución de las lógicas manicomiales.* Buenos Aires: Ediciones Madres de Plaza de Mayo.

Foucault, M. (1977). *Saber y verdad.* Madrid: Ediciones de La Piqueta.

Foucault, M. (2004). *Historia de la locura en la época clásica, II.* México: Fondo de Cultura Económica.

Foucault, M. (2007). *El poder psiquiátrico.* Buenos Aires: Fondo de Cultura Económica.

Galende, E. (2008). Capítulo 5: "Fundamentos de Salud Mental", y Capítulo 6: "La política de salud mental". En *Psicofármacos y Salud Mental. La ilusión de no ser,* Buenos Aires, Editorial Paidós.

Galende, E.; Kraut, A.J. (2006). *El sufrimiento mental. El poder, la ley y los derechos.* Buenos Aires: Lugar Editorial.

García Fanlo, L. (2011). "¿Qué es un dispositivo? Foucault, Deleuze, Agamben". *A Parte Rei.* 74. Recuperado de <http://serbal.pntic.mec.es/AParteRei/>.

Goffman, E. (2006). *Internados. Ensayo sobre la situación social de los enfermos mentales.* Buenos Aires: Amorrortu editores.

Guattari, F. (1996). *Caosmosis.* Buenos Aires: Ed. Manantial.

Iglesias, M. G. (2015). "Capacidad, información y autonomía: principio de la dignidad". *Revista Institucional de la defensa pública de la Ciudad Autónoma de Buenos Aires.* Vol. 7, 45-56.

Kraut, A. J. y Diana, N. (2013). "Sobre la reglamentación de la Ley de Salud Mental". *Revista la Ley Online.* Recuperado de <http://www.laleyonline.com.ar/>, el 29/12/2014.

Laurell, A. C. (1992). "La política social en el proyecto neoliberal. Necesidades económicas y realidades sociopolíticas". *Cuadernos Médico Sociales*, N° 60.

Laurell, A. C. (coord) (1994). *Nuevas tendencias y alternativas en el sector salud.* México: Universidad Autónoma Mexicana. Fundación Friedich Ebert Stiftung.

Menéndez, E. (2010). *De sujetos, saberes y estructuras: Introducción al enfoque relacional en el estudio de la salud colectiva.* Buenos Aires: Lugar Editorial.

Menossi, M.P. y Olmo, J.P. (2015). "La Ley Nacional de Salud Mental y la creación de la 'Unidad de Letrados de Personas Menores de Edad, art. 22, Ley 26.657' de la Ciudad Autónoma de Buenos Aires", en Barcala, A. y Conde, L. (comp.), *La salud mental y la niñez en Argentina.* Ed. Teseo. Disponible en <https://www.teseopress.com/saludmental/chapter/53/>.

Ministerio de Justicia y Derechos Humanos de la Nación. Secretaría de Derechos Humanos (2013). *Políticas públicas en salud mental: de un paradigma tutelar a uno de derechos humanos.* Compilado por Malena Arriagada, Leticia Ceriani, Valeria Monópoli (1a ed.), Buenos Aires.

Ministerio de Salud de la Nación (2010). *Plan Federal de Salud 2010-2016.*

Ministerio Público Tutelar (2013). Niñez, adolescencia y salud mental en la Ciudad de Buenos Aires. Informe final de gestión del Ministerio Público Tutelar 2007-2013. Recuperado de <www.asesoriatutelar.gob.ar>.

Ministerio Público Tutelar (2014). Internaciones por salud mental en hospitales generales de agudos de la Ciudad Autónoma de Buenos Aires. Documento de Trabajo N° 21. Salud Mental. Recuperado de <www.asesoriatutelar.gob.ar>.

OMS (2001). El papel del Derecho Internacional de los Derechos Humanos en la Legislación Nacional de Salud Mental. Recuperado de <http://www.who.int/mental_health/resources/policy_services/en>.

OMS (2006a). *Instrumento de evaluación para los Sistemas de Salud Mental conocido como IESM-OMS o WHO-AIMS.*

OMS (2006b). Guías sobre Políticas y Salud Mental (WHO Mental Health Policy and Service Guidance Package).

Pastor, A.; Blanco, A.; Navarro, D. (coord.) (2010). *Manual de rehabilitación del trastorno mental grave.* Madrid: Editorial Síntesis.

Rodríguez, J. (2009). "Situación actual de la salud mental en América Latina y el Caribe desde la perspectiva de la OPS/OMS. Retos y proyecciones". En H. Cohen, *Salud mental y derechos humanos. Vigencia de los estándares internacionales* n° 65. Representación OPS/OMS Argentina.

Rotelli, F. (2014). *Vivir sin manicomios. La experiencia de Trieste.* Buenos Aires: Topía Editorial.

Rubio y Escudero (2006). *La continuidad de cuidados y el trabajo en red en salud mental.* Madrid: Editorial Asoc. Esp. Neuropsiquiatría.

Saraceno, B. (2013). Presentación realizada en las *III Jornada Internacional de salud Mental. "Una mirada sobre la Ley de Salud Mental 26.657, desde la Convención de los derechos de las personas con discapacidad, diversos instrumentos de DDHH, recomendaciones OMS y OPS, fallos de la Corte*

Suprema de Justicia de la Nación y aportes de organizaciones civiles", realizado en la Facultad de Derecho UBA, 23 de abril.

Sarraceno, B. (2003). *La liberación de los pacientes psiquiátricos*. México: Editorial Pax.

Siedl, A. (2008). La reforma de la institución total, en *Premio 2008*. Buenos Aires: Departamento de Publicaciones, Facultad de Psicología, UBA.

Testa, M. (2006). *Pensar en salud*. Buenos Aires, Argentina: Lugar.

Tisera, A. *et al.* (2016). Salud Mental y desinstitucionalización en los procesos de externación. En Zaldúa, G. (coord.), *Intervenciones en Psicología Comunitaria. Territorios, actores y políticas sociales*. Ciudad de Buenos Aires: Teseo, pp. 291-311.

Zaldúa, G y Bottinelli, M. M. (coord.) (2016). *Intervenciones en psicología social comunitaria: territorios, actores y políticas sociales* (1a ed.). Ciudad Autónoma de Buenos Aires: Teseo.

Zaldúa, G. *et al.* (2016). "Obstáculos y posibilidades de la implementación de la ley Nacional de Salud Mental: un estudio comparativo entre 2010 y 2013". En Zaldúa, G. (coord.), *Intervenciones en Psicología Comunitaria. Territorios, actores y políticas sociales*. Buenos Aires: Teseo, pp. 273-289.

Zaldúa,G. y Bottinelli, M. M. (comp.) (2010). *Praxis psicosocial comunitaria en salud: campos epistémicos y prácticas participativas* (1a ed.). Ciudad Autónoma de Buenos Aires: Teseo.

Este libro se terminó de imprimir en agosto de 2018 en Imprenta Dorrego (Dorrego 1102, CABA).